"습관은 반드시 실천할 때 만들어집니다."

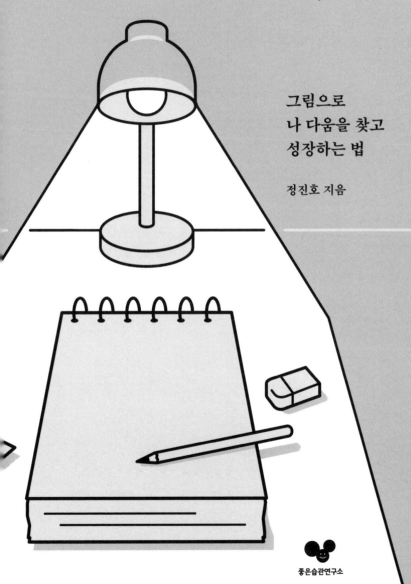

결국엔, 그림

그림으로
나 다움을 찾고
성장하는 법

정진호 지음

좋은습관연구소

그림으로 성장한다는 것

저는 매일 그림을 그리는 일상 예술가이며 행복 화실을 운영하는 그림 선생님, 그리고 전국을 누비며 강의와 워크숍을 진행하는 1인 기업가로 즐겁게 살고 있습니다. 하지만 저도 한때는 매일 똑같은 일터로 출근하던 평범한 직장인이었습니다. 우연한 계기로 그림 그리기를, 그것도 독학으로 시작하고 벌써 9년이라는 시간이 흘렀습니다.

그동안 여러 가지 삶의 변화가 있었지만 여전히 변치 않는 것은 그림 그리기가 즐겁고, 앞으로도 즐겁게 할 수 있겠구나 하는 생각입니다. 만일 제가 학창 시절에 그림에 대한 재능을 발견해 입시 미술 학원을 다니다 미술 대학에 진학했다면 지금처럼 그림 그리기가 행복한 일이 될 수 있었을까요? 사실 잘 모르겠습니다. 아마 제도화된 교육을 견디지 못했을 거라는 생각이 드네요.

제가 그림 그리기를 시작한 후, 많은 사람들로부터 다음과 같은 질문을 받았습니다. "저같이 못 그리는 사람도 그림을 시작할 수 있나요?" "그림을 잘 그리려면 어떻게 하면 되나요?" "시작은 했지만, 꾸준히 그리는 것이 힘들어요." "자꾸만 다른 사람과 비교하는 자신을 발견해요." "가족들과 함께 그림을 그리고 싶어요."

이 책은 지금까지 제가 받은 여러 질문에 대한 답변이 되는 책일 것 같습니다. 사실 중요한 것은 어떻게 하면 그림을 잘 그릴 수 있을까는 아닙니다. 능숙하게 그릴 때까지 훈련하고 연습하는 것이기 전에, 남은 생을 함께 살아가는 친구 같은 것이 그림 그리기라고 생각합니다.

다양한 개성을 가진 친구들이 우리 주변에 있듯, 그림도 저마다 개성을 가지고 있습니다. 우리가 할 일은 이 친구들의 개성을 편안하게 받아들이고, 우리가 만들어내는 작품을 인정하고 그것에 애정을 주는 것이라고 생각합니다. 그래서 저는 재능이 없어도 누구나 그림을 그릴 수 있다고 이야기합니다. 물론 처음부터 그림 그리기를 잘하는 사람이 있습니다. 그림을 따로 배운 적이 없다고 말하지만 누구나 부러워하는 멋진 작품을 뚝딱 만들어내는 분입니다. 재능을 가지고 태어난 분이라고 할 수 있습니다. 재능을 가지고 있으면 다른 사람보다 좀 더 쉽게 그림을 익히고 실력도 금방 늡니다. 그러나 다시 한번 말씀드리지만, 재능이 없어도 누구나 그림을 그릴 수 있습니다. 물론 재능을 가진 사람보다 더 잘 그릴 수 있다고 말하는 것은 아닙니다. 하지만 그림 그리기를 좋아하고 여러 번 그리다 보면 자연스럽게 연습이 되고 이전보다는 훨씬 더 잘 그릴 수 있게 됩니다. 어쩌면 우리가 경쟁해야 할 그림 상대는 잘 그리는 누군가가 아니라 그림에 전혀 소질 없던 과거의 나 일지도 모릅니다.

　같은 시간을 연습해도 사람마다 실력이 향상되는 속도는 다릅니다. 어떤 사람은 금방 실력이 좋아지지만 어떤 사람은 천천히 실력이 늘기도 합니다. 하지만 꾸준히 연습해서 실력이 줄어드는 경우는 없습니다. 다만 실력 향상 속도가 사람마다 다를 뿐입니다. 그러니 다른 사람과 비교해서 나는 그림이 안 돼, 라고 생각할 필요는 없습니다. 평범하던 일상이 그림을 통해 특별함으로 가득차 있다고 느끼는 것이 더 중요하니까요.

거두절미하고 일단 시작해 보세요. 그것이 중요합니다. 그림을 그리는 것은 세상에서 가장 쉬운 일 중 하나입니다. 종이 한 장과 펜 하나면 바로 시작할 수 있거든요. 그러나 가능하면 도구는 좋은 걸 쓰는 걸 추천드립니다. '명필은 붓을 탓하지 않는다'라는 말은 명필에게만 해당합니다. 우리같이 평범한 사람은 좋은 도구를 사용하면 좀 더 좋은 결과를 얻을 수 있습니다. 그래서 나온 말이 바로 '돈 값을 하네'입니다. (^^)

서론이 길었습니다. 이제부터 본격적으로, 어느 날 갑자기 그림을 그리기를 시작하고 벌써 9년을 이어온 저의 그림 이야기를 들려 드리겠습니다. 부디 여러분도 저의 이야기를 통해 그림이 가진 매력을 알고 평생의 취미로 그림 그리기를 해봤으면 좋겠습니다. 그리고 그림은 특별한 재능을 가진 누군가의 것이 아닌 누구나 즐길 수 있는 취미임을 알면 좋겠습니다. 그로 인해 매일 조금씩 더 행복해질 수 있고, 평범한 일상이 모여 특별한 선물이 될 수 있다는 것을 더 많은 사람들이 알아갔으면 좋겠습니다.

목 차

①

매일 드로잉을 시작하다

공대를 졸업한 후 프로그래머로 직장 생활을 시작한 저는 외국계 인터넷 기업에서 오랫동안 근무를 했습니다. 제가 다닌 회사는 전 세계에 지사가 있는 글로벌 기업이었습니다. 그리고 저는 해마다 한두 차례 정도 해외 출장을 다녔습니다. 2009년 가을이었습니다. 1주일간의 출장을 무사히 마치고 미국 샌프란시스코 국제공항에서 한국으로 돌아오는 비행기를 기다리고 있었습니다.

국제선 경험이 있는 분들은 다들 잘 아실 겁니다. 보통 두세 시간 정도 일찍 체크인하고 남는 시간 동안은 어슬렁 어슬렁 다니며 쇼핑도 하고 식사를 하거나 출발을 기다리며 책을 보거나 음악을 들으며 시간을 보냅니다. 저도 마찬가지였습니다. 제가 타고 갈 항공기의 게이트가 열리기를 기다리며 출국장 앞에서 시간을 보내고 있었습니다. 그런데 창가 쪽으로 앉아 있는 외국인 한 분이 눈에 들어왔습니다. 이분은 다른 여행객들과 달리 창밖을 바라보며 무언가를 열심히 그리고 있었습니다. 궁금한 마음에 그분 근처로 갔습니다. 소심했던 저는 그분에게 말을 걸지는 못하고 몇 발자국 떨어진 곳에서 그림 그리는 모습만 훔쳐보고 있었습니다.

그분은 손바닥 정도 되는 크기의 작은 스케치북에 창밖의 대기 중인 비행기를 열심히 그리고 있었습니다. 어쩌면 자신이 타고 갈 비행기였는지도 모르겠습니다. 저는 그 장면에서 커다란 망치가 내 머리를 치는 듯한 충격을 받았습니다. 그분의 그림은 그다지 훌륭하다고 말하기는 어려웠습니다. 하지만 사람들이 바삐 오가는 공항 한구석에서 마치 정지 화면처럼 세상일과 무관하게 자신의 그림에만 집중하는 그분의 모습은 정말 대단하게 느껴졌습니다. 한마디로 멋있었습니다. 그리고 생각했습니다. '나도 언젠가 기회가 되면 꼭 그림을 그려 보고 싶다'라고.

　하지만 안타깝게도 우리는 늘 생각만 합니다. 그건 저도 마찬가지였습니다. 그날 이후 저는 그때의 감동을 가슴 깊숙이 간직하기만 하고 세상살이에 관심을 빼앗긴 채 그렇게 몇 년의 시간을 흘려보냈습니다. 그러던 2011년 봄이었습니다. 제 나이가 마흔 줄로 넘어갈 무렵이었습니다. 남자들은 마흔 살이 되면 여러 가지 감정적 변화가 생기나 봅니다. 그날도 여느 때와 다름없는 하루였습니다. 일을 마치고 퇴근을 하고 저녁 식사를 하고, TV 앞에 앉아 이런저런 채널을 돌리다 잠자리에 누웠습니다. 그런데 불현듯 몇 년 전 공항에서의 장면이 떠올랐습니다. 창가에 앉아 비행기를 그리고 있던 그분의 모습 말이죠. 너무 멋있어 보였고 나도 꼭 해보고 싶다고 생각했던 바로 그 장면. 마치 무슨 계시처럼 그 순간이 머릿속에 떠올랐습니다.

운명 같은 그 장면을 맞이하고서도 그동안 아무것도 하지 않고 지금까지 시간을 허비하고 있었구나, 하는 생각을 했습니다. 어쩌면 중요한 것을 잊어버리고서도 계속해서 아무 일 없이 살았는지도 모르겠습니다. 잃어버린 기억이 불현듯 다시 떠오르자 그동안 아무것도 하지 않은 채 살고 있던 제가 너무 한심하게 생각되었습니다. 더는 미뤄선 안 된다는 생각이 들었습니다. 그리고 남자 나이 40이 되면 무언가 두 번째 인생을 위한 취미가 필요하다는데, 그림 그리기가 그 취미가 될 수도 있겠다고 생각을 했습니다.

다음 날 일을 마치자마자 저는 홍대입구역으로 향했습니다. 우리나라에서 그림을 가장 잘 그리는 학생들이 입학한다는 바로 그 명문 대학이 있는 곳입니다. 저는 홍대 근처에서 그림 그리기 기초를 배울 수 있는 학원을 한번 다녀볼까 생각했습니다. 학교 정문을 중심으로 주변의 거리를 찬찬히 걸었습니다. 정말 많은 입시 미술 학원들이 자리하고 있었습니다. 모든 미술 학원들은 한가지 공통점을 갖고 있었는데, 학원 건물 입구마다 커다란 그림들을 이젤 위에 올려놓고 있었습니다. 전시된 그림은 멀리서 보아도 굉장히 잘 그린 작품임을 한눈에 알 수 있었습니다. 길을 걸으며 하나씩 찬찬히 보다가 저는 또다시 깜짝 놀라고 말았습니다.

하나같이 그림들의 크기가 매우 컸습니다. 초등학교에서 쓰던 8절 스케치북의 몇 배나 되는 크기였습니다. 앞으로 내가 저렇게 큰 그림을 그릴 수 있을까 하는 생각이 들었습니다. 저렇게 그리려면 도대체 얼마나 걸릴까? 무척 힘들지 않을까? 하는 생각을 하기에 충분한 크기였습니다. 그리고 뭔가 탁하다고 해야 할까요, 그림들이 모두 어둡게만 느껴졌습니다. 밝고 맑은 그림을 기대했던 제게 그곳의 그림들은 너무 진지하고 무겁게만 느껴졌습니다. 그리고 모두 한 사람이 그린 것처럼 표현 방법이 똑같았습니다. 서명을 보니 분명 다른 사람들이 그린 작품들인데도 그 기법은 모두 비슷했습니다. 입시 미술이라는 규칙 때문인지 모두 한 사람이 그린 것처럼 정형화되어 있었습니다. 만약 저도 같은 스타일로 그림을 그려야 한다면 그림 그리기가 힘들어 포기할 수도 있겠다는 생각이 들었습니다. 게다가 그림 소재들도 무척 난해하고 어려워 보였습니다. 깨진 병, 상한 과일, 부서진 연탄 같이 하나같이 어둡고 무거웠습니다. 마치 그림을 그린 학생들의 힘들고 괴로운 마음 같은 것이 작품에 묻어 나오는 것만 같았습니다. 제가 보기에 입시 학원 앞에 걸린 그림들은 제가 원하던 그림은 아니었습니다.

좀 겁이 났습니다. 그림을 그리면 즐겁고 행복해야 할 텐데, 저런 그림을 그리는 내 모습을 상상하는 건 저답지 않다는 생각이 들었습니다. 결국 저는 다시 집으로 돌아가는 지하철에 몸을 실었습니다.

매일 그리기를 시작하다

다음 날 점심시간, 식사를 거르고 직장에서 한 정거장 거리에 있던 광화문의 대형 서점으로 향했습니다. 그리고는 곧장 예술 도서들이 모여 있는 코너로 갔습니다. 그곳에는 그림 그리기와 관련해 다양한 책이 있었습니다. 하나같이 멋진 그림으로 가득찬 책이었습니다. 하지만 한 번도 그림을 그려본 적이 없는 제가 보기에는 따라하기가 불가능해 보이는 작품들이었습니다. 이책 저책 살펴보던 중 눈에 딱 띄는 쉬운 책 하나를 발견했습니다. 바로 김충원 선생님이 지은 『스케치 쉽게 하기: 일러스트 드로잉』이었습니다. 다른 책과 달리 이 책은 조금은 만만해 보였습니다. '이 정도 그림이라면 나도 한번⋯.' 이런 근거 없는 자신감이 들었습니다.

바로 책을 구입하고 종이와 펜도 필요할 것 같아 바로 옆의 문구 매장으로 갔습니다. 수십 가지의 펜과 노트가 전시되어 있었습니다. 무엇을 사야 할지 좀 당황스러웠습니다. 곧 돌아가야 할 시간이 얼마 남지 않아 그냥 적당해 보이는 펜 하나와 어린 왕자가 그려진 A5 크기의 하드커버 스케치북을 집어 들고 계산대로 향했습니다. 스케치북 가격은 깜짝 놀랄 만큼 고가였습니다. 나중에 알게 되었지만 그 스케치북은 '몰스킨 어린 왕자 한정판'이라는 고가의 제품이었습니다. 다른 제품을 살펴보기에는 시간이 없어 눈물을 머금고 그냥 계산을 하고서 사무실로 돌아왔습니다. 나중에 알게 된 것이지만 이렇게 산 스케치북은 전화위복이 되었습니다. 비싸게 주고 산 스케치북이 너무 아까워 매일 빼먹지 않고 그림을 그렸으니까요.

이날 오후 시간은 정말 느리게 흘렀습니다. 빨리 집에 가서 그림을 그려 보고 싶어서 시쳇말로 멀미가 날 정도였으니까요. 어찌어찌 시간이 흘러 퇴근 시간이 되고 집에 도착했습니다. 저녁을 얼른 먹고서는 책상 앞에 앉았습니다. 낮에 산 고가의 스케치북과 검정 펜을 꺼내 놓고 그림 그리기를 본격적으로 해볼 찰나였습니다. 하지만 그 전에 일단 저의 그림 그리기 실력부터 테스트해 보고 싶었습니다. 그래서 눈앞에 보이는 물건 몇 가지를 그려 보았습니다. 연필깎이, 스탠드, 필통 등 잘 그렸다고 말하기는 어렵지만 도저히 못 봐줄 정도는 아니었습니다.

이제 낮에 사 온 책을 보고 저만의 그림 그리기를 해보기로 했습니다. 무엇을 먼저 그릴까? 고민할 필요는 없었

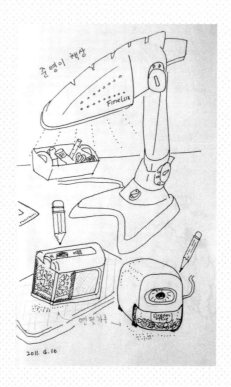

준영이 책상

FineLux

2011. 4. 16

연필깎구

처음 그린 그림

습니다. 책에 나오는 모든 그림을 처음부터 하나씩 따라 그려 보면 되었으니까요. 다만, 책에서 볼 때는 분명 쉽고 간단한 그림이었는데 막상 내 손으로 그리려다 보니 다소 엉뚱한 그림이 된다는 문제 말고는 없었습니다. 처음 그리는 건데 못 그리는 게 당연하다고 생각했습니다. 연필을 처음 잡고 그림 그리기를 하는 아이들이나 저나 별반 차이가 없다고 생각했습니다.

그렇게 첫날 그림 그리기는 별로 한 것도 없이 30분이라는 시간이 흘렀습니다. 잘 그린 그림은 아니지만 어쨌든 첫 번째 완성작을 내놓고 자신을 칭찬하며 한쪽 구석에 날짜와 서명을 했습니다. 이날 밤 잠자리는 무척 행복했습니다. 하루를 마무리하기 전에 무언가 의미 있는 창작 활동을 했다는 작은 성취감 같은 기쁨을 안겨 주었습니다.

조금은 길게 제가 그림을 시작하게 된 과정을 말씀드렸습니다. 미국에서 뭔가 '멋짐 폭발' 같은 장면을 목격하지 않았다면 그리고 제가 홍대를 가지 않고, 서점과 문구점에 들러 그림 그리는 재료들을 사지 않았다면 어땠을까요? 그러면 그림은 지금보다도 한참이나 더 뒤에야 저에게 찾아왔겠죠.

여러분도 그림을 시작하고 싶다면 저처럼 뭔가 계기를 만들어보면 어떨까 합니다. 미술관에 간다거나, 그림 그리는 사람을 본다거나, 혹은 미술 서적을 읽는 방법도 있을 것 같습니다. 그림과 관련된 계기가 결국 그림 그리기를 실천으로 옮기도록 도와줍니다. 그리고 계기가 찾아왔다면 지체없이 그림 재료를 구입해야 합니다. 이왕이면 비싼 거로요. 그래야 돈이 아까워서라도 열심히 하게 됩니다.

지금 이 글을 읽는 순간 여러분에게도 충격 비슷한 무슨 영감이 왔다면 이 책을 다 읽기 전에라도 그림 그리기를 시작해보세요. 단, 그림 도구 구입과 관련해서는 다음 꼭지까지는 꼭 읽어보시고요. (^^)

②

초보자를 위한
그림 도구 선택

무엇인가를 그린다는 행위의 본질은 간단합니다. 색과 고유의 질감을 가진 연필, 펜, 붓 등을 이용해 종이, 캔버스, 천 위에 자국을 남기는 것이죠. 따라서 같은 소재를 그리더라도 어떤 도구를 사용하느냐에 따라 전혀 다른 작품이 만들어집니다.

연필

어린 시절을 떠올려 보세요. 우리가 무엇인가를 그리고

싶을 때, 가장 쉽게 손에 넣었던 도구는 연필이었습니다. 그래서 우리는 어릴 적부터 색연필, 크레파스처럼 색을 입힐 수 있는 도구와 함께 연필을 가장 많이 이용해 그림을 그렸습니다. 그래서 많은 사람들은 연필이 그림 그리기에 가장 쉬운 도구가 아닌가 생각합니다. 그러나 생각만큼 연필로 그림 그리는 일은 쉬운 일이 아닙니다. 물론 밑그림을 그리거나 간략한 스케치를 하는 등의 제한적인 용도로 사용하는 경우에는 매우 훌륭한 역할을 합니다. 그러나 초보자가 연필만으로 훌륭한 작품을 만들어 내기에는 꽤 많은 연습이 필요합니다. 인터넷 검색을 해보면 연필만으로 만들어낸 눈이 휘둥그레지는 멋진 작품들을 볼 수가 있습니다. 그러나 그런 작품을 만들기 위해서는 정말 많은 연습과 노력이 필요합니다.

연필심은 흑연과 점토를 혼합해서 만듭니다. 이 두 가지 재료의 비율에 따라 연필심의 단단함과 진함이 달라집니다. 단단한 정도는 H(Hard)로, 진한 정도는 B(Black)로 나타냅니다. 흔히 연필을 검은색이라고 생각하는 분들이 많은데 연필은 검은색이 아니라 회색에 가깝습니다. 필기용으로 쉽게 구할 수 있는 HB도 검정보다는 회색에 가깝고, 학교에서 미술 시간에 많이 사용하던 4B 역시 진한 회색에 가깝습니다. 이 회색이 종이 위에 몇 겹으로 포개지면서 검정에 가깝게 보이는 것입니다.

연필로 그림 그리기를 시작할 때 가장 먼저 해보는 게 소묘(素描)입니다. 연필 하나만을 이용해 작업하는 소묘가 어려운 이유는 단색으로 형태와 명암을 표현해야 하기 때문입니다. 그래서 연습 수준에 따라 실력 차이가 여실히 드러나는 게 연필로 그리는 그림입니다. 미술대학의 입시에서 소묘가 실기 시험으로 등장하는 이유도 바로 이 때문입니다. 결론적으로 말씀드려 초보자가 연필만으로 그림 그리기를 하는 것은 많은 연습과 노력이 필요한 일입니다.

펜

펜은 연필과 다른 특징을 가지고 있습니다. 연필이 흑

연 가루를 이용해 형태와 명암을 표현했다면 대부분 펜은 액체인 잉크를 이용합니다. 그림을 그릴 때 사용하는 잉크는 흑연 가루보다 상대적으로 명확하고 선명한 선을 그릴 수 있습니다. 따라서 초보자들이 그림을 처음 시작한다면 연필보다는 검은색 펜으로 라인 드로잉(Line Drawing)을 하는 것부터 추천합니다.

라인 드로잉은 선으로만 그리는 그림입니다. 라인 드로잉은 음영, 색조를 사용하지 않고 뚜렷한 선만으로 사물을 표현합니다. 그림 그리기가 습관이 되려면 적은 노력만으로 재미와 성취감을 얻는 것이 중요한데, 초보자에게는 펜으로 그리는 라인 드로잉이 비교적 쉬우면서도 재미있고, 빠르게 작품을 완성할 수 있어 결과적으로 성취감을 얻을 수 있는 방법이 됩니다.

그림을 그릴 때 사용하는 잉크는 크게 두 가지로 나눌 수 있습니다. 물에 번지느냐 번지지 않느냐입니다. 문구점에서 전시된 다양한 색상의 펜들은 대부분 수성(水性)입니다. 수성 펜은 물에 녹는 잉크를 사용합니다. 비교적 저렴하고 잉크의 흐름도 좋아 필기용으로도 많이 사용합니다. 그런데 결정적으로 물에 녹기 때문에 수채화에는 사용할 수가 없습니다. 물론 물에 번지지 않는 잉크로 유성(油性) 잉크가 있습니다. 유성 잉크로 주변에서 가장 쉽게 볼 수 있는 것이 매직과 네임펜입니다. 이 펜들은 유리, 플라스틱 등과 같은 매끄러운 표면에도 사용할 수 있습니다. 하지만 휘발성의 강한 냄새 때문에 그림 도구로는 적당하지가 않습니다.

그래서 등장한 특별한 잉크가 있습니다. 바로 피그먼트 (pigment) 잉크입니다. 이 잉크는 수성 잉크에 속합니다. 그러나 신기하게도 완전히 건조가 되면 방수가 됩니다. 진하고 선명한 색으로 선을 그릴 수도 있고 건조 후에 방수가 되므로 수채화에도 사용할 수 있습니다. 대신 유일한 단점은 가격이 비싸다는 것입니다. 보통의 수성 펜보다 약 3배 정도로 비쌉니다. 따라서 수채화 용도가 아니라면 일단 시작은 수성 펜으로 하는 게 좋습니다.

그럼에도 번지는 수성 펜보다 좀 더 괜찮은 그림을 그

리고 싶다고 할 때는 앞서 말씀드린 피그먼트 잉크를 사용한 피그먼트 라이너(pigment liner) 펜을 추천해 드립니다.

라이너는 균일한 굵기의 선을 그릴 수 있는 펜입니다. 보통 섬유질을 단단하게 압착해서 펜촉을 만들고 잉크가 흐르도록 만든 형태입니다. 장점은 균일한 굵기의 선을 그릴 수 있다는 것과 0.1mm, 0.2mm, 0.5mm 등과 같이 다양한 굵기의 펜을 선택할 수가 있다는 점입니다. 대신 단점은 펜 끝이 섬유질로 되어 있어 너무 강한 힘을 주게 되면 펜이 망가질 수가 있습니다.

우리가 공부할 때 많이 사용하는 볼펜은 초보자들에게는 적당하지 않습니다. 볼펜은 쇠 구슬이 구르며 잉크를 흘려보내는 방식인데, 알다시피 잉크의 흐름이 좋지 않으면 한꺼번에 많은 잉크가 나오는 경우가 있습니다. 이를 '볼펜 똥'이라고 하죠? (^^)

스케치북

 펜을 선택하는 방법을 알았으니 이제 스케치북을 고르
는 방법을 소개하겠습니다. 스케치북을 선택할 때는 세 가
지 정도를 고려합니다.

 첫 번째는 종이의 크기입니다. 초보자의 경우 너무 큰
종이를 사용하면 그림을 완성하는 데 많은 노력과 시간이
걸리고 완성된 작품이 만족스럽지 않은 경우가 있습니다.
반대로 또, 너무 작은 종이를 사용하게 되면 자신의 작품
을 너무 가볍게 생각하고 실력이 향상되기가 어렵다는 단
점이 있습니다. 저의 경험을 비추어 보면 가장 적당한 크
기는 A5였습니다. 우리가 흔히 사용하는 복사 용지의 크
기가 A4이고, A5는 이것의 절반 크기입니다. 내 손 안에
들어갈 정도의 크기입니다. 이 정도 크기의 라인 드로잉
작품이라면 약 30분 이내에 완성할 수 있습니다. 그리고
가방에 넣고 다니기에도 적당합니다. 당연한 얘기 같겠지
만 그림 그리기를 습관으로 만들려면 항상 가방에 스케치

북과 펜을 가지고 다니는 것이 좋습니다. 어느 곳에서든 잠시 틈이 생기면 스케치북과 펜을 꺼내 간단한 작품을 그려 보는 게 좋습니다.

두 번째로 고려할 포인트는 종이의 무게(평량)입니다. 그림을 그릴 때 사용하는 종이는 굉장히 종류가 다양합니다. 가격도 천차만별이고요. 종이의 무게는 GSM(Gram Per Square Meters, g/m^2)이라는 단위를 사용합니다. 면적이 $1m^2$인 종이의 무게를 의미합니다. GSM을 간단하게 g로만 표기하는 경우도 많습니다. 가장 쉽게 접하는 복사 용지는 보통 70~80GSM입니다. 복사 용지는 프린터 내부에서 걸리지 않도록 하기 위해 표현이 매우 매끄럽다는 특징이 있습니다. 그런데 너무 매끄러운 종이는 펜이 자꾸만 미끄러져 그림을 그리기에 적당하지 않습니다. 마치 얼음판 위를 걸을 때 미끄러지는 것처럼 말이죠. 그래서 펜으로 그림을 그릴 때는 150GSM 정도의 종이가 좋습니다. 이 정도 무게를 가진 종이는 표면에 '오돌토돌'한 질감을 가지고 있습니다. 그래서 의도한 방향대로 선을 그리기가 쉽습니다. 다만 펜을 천천히 움직이는 것이 좋습니다. 색연필을 사용한다면 200GSM이 좋습니다. 그리고 물을 많이 쓰는 수채화의 경우 이보다 좀 더 무거운 300GSM 의 종이를 사용하는 것이 좋습니다. 얇은 종이에 수채화 를 그렸다가 종이가 울어서 울퉁불퉁해지는 경험을 해 보셨을 겁니다. 그래서 수채화용 전용지는 300GSM 이상인 경우가 많습니다.

스케치북 선택의 세번째 기준점은 제본 방식입니다. 제본이라 함은 여러 장의 종이를 책처럼 하나로 묶는 것을 말합니다. 그림을 꾸준히 그리는 습관을 만들고 싶다면 낱 장 종이보다는 여러 장의 종이를 묶은 스케치북을 들고 다니는 것이 좋습니다. 쇠 스프링을 이용해 만든 스프링 제본 스케치북은 제작이 간편해 널리 사용됩니다. 그러나 구멍이 있는 부분은 그림을 그릴 수 없다는 단점이 있죠. 그 다음으로는 두꺼운 종이 커버로 단단하게 만든 양장 제본 스케치북도 있습니다. 요즘 많이들 사용하는데 다소 비싸 다는 단점이 있지만 오랫동안 보관할 수 있고 근사해 보인다는 장점이 있습니다. 제 책장에 있는 8년 넘은 스케치북들은 대부분 양장으로 제본된 제품들입니다.

가장 기본이 되는 그림 도구들에 관해 설명해드렸습니다. 이제 여러분이 해야 할 일은 간단합니다. 적절한 그림 도구의 특징을 파악하고 내게 맞는 것을 선택하는 것입니다. 만약 여러분이 초보라면 당장 검은색 펜과 A5 크기의 하드커버 스케치북을 사면 됩니다. 미술용품 전문 인터넷 쇼핑몰을 이용할 수도 있지만 시간이 된다면 근처의 화방을 한번 방문해 보는 것도 좋습니다. 그곳을 돌아다니다 보면 마치 전문가 된 듯한 기분도 들고 그림 그리기에 대한 욕구가 한층 더 생길 것입니다.

이제 도구도 갖춰졌으니 당장 뭐든 그리고 싶은 마음이 뭉클뭉클 생겨나셨죠? 이제 뭘 그리면 좋을까요? 다음 꼭지에서 설명드리겠습니다.

③

그리기는 습관이다

그림을 그리고 싶은 마음은 가득하지만, 처음 시작하는 사람들이 겪는 가장 큰 어려움은 대체 무엇을 그려야 할지 모르겠다는 것입니다. 물론 근처의 미술 학원이나 화실을 가는 방법도 있지만, 경제적으로나 시간적으로나 여유가 없어서 혼자 그림을 그려야 하는 경우도 있겠지요. 저역시도 처음에 같은 고민을 했습니다. 하지만 의외로 간단하게 해결하는 방법이 있습니다. 바로 서점에 가는 것입니다. 앞서 저도 그림 그리기를 해야겠다고 결심하고서는 무언가에 이끌리듯 제일 먼저 서점으로 향했습니다.

대형서점의 취미/예술 분야에는 여러분이 따라 그릴 수 있는 책들이 다양하게 비치되어 있습니다. 여기서 따라 그린다는 의미는 한마디로 모사(模寫), 즉 베껴 그리기를 의미합니다. 그림 초보자에게 따라 그리기가 중요한 이유는 무엇보다 간단하게라도 그럴싸한 작품을 그려낼 수 있고, 그로 인한 성취감과 만족감을 느낄 수 있기 때문입니다. 모든 일이 그렇겠지만 그림 역시도 성취감 내지 즐거움을 느낄 수 있어야 계속해서 그릴 수 있습니다. 우리가 잘 그린다고 말하는 세밀한 기술은 즐겁게 자주 그리다 보면 스스로 터득하게 됩니다. 그러니 일단은 자주 그릴 수 있는 방법에 집중하는 것이 좋습니다.

책은 인터넷 서점에서 검색해보고 후기를 보고서 사는 것이 편리하겠지만 가능하면 꼭 직접 살펴보고 사는 것을 추천합니다. 눈으로 직접 보아야 내가 따라 그릴 수 있겠다 없겠다는 판단이 분명히 섭니다. 저는 곧 설명드릴 세 가지를 염두에 두면 좋겠다고 말씀드리고 싶습니다.

맨 먼저, 그림이 쉽고 만만한 책을 선택하세요. 어떤 책들은 매우 아름답고 멋진 작품으로 가득하지만 도저히 따라 그릴 수 없을 정도의 높은 수준의 그림들만 있는 경우가 있습니다. 그래서 일단 보기에도 쉬워 보이고, 이 정도라면 한번 해 볼 만한데, 하는 만만한 책을 고르는 것이 좋습니다. 그래야 중간에 좌절하지 않고 지속해서 그림을 그릴 수가 있습니다. 그다음으로 그림의 소재와 스타일이 여러분 마음에 들어야 합니다. 사람마다 여행, 동물, 음식 등 그리고 싶은 분야가 다르므로 자신의 관심 분야에 맞고 그림 스타일이 내 취향에 적합한 책을 고르는 것이 좋습니다. 그리고 또 한 가지, 초보자의 경우 선 위주로 되어 있는 그림을 따라 그리는 게 아무래도 좋습니다. 그래서 이런 조건들을 만족하는 책을 찾으려면 서점에 가서 이책 저책 직접 둘러보고서 결정하는 것이 좋습니다.

이제 책을 선택했다면 그다음은 고민할 필요 없이 그 책에 나오는 모든 그림을 처음부터 끝까지 전부 따라 그리는 것입니다. 매일 한 개도 좋고, 매일 30분도 좋고, 매일 한 장도 좋습니다. 각자 좋아하는 방법으로 매일 매일 그리는 것을 강력히 추천해 드립니다. 여기서 가장 중요한 것은 매일 그리는 것입니다. 잘 그리려고 노력하기보다는 무조건 정해진 분량을 매일 그리는 것을 추천합니다. 잘 그리려는 욕심을 가지면 매일 그리기가 힘들지만, 욕심을 버리고 일단 매일 그리는 것을 목표로 하면 그림 그리기가 만만해지고 습관이 됩니다.

맥스웰 몰츠라는 미국의 유명한 자기계발 전문가가 있습니다. 의사로도 활동했는데, 그분이 1960년대에 낸 책 『맥스웰 몰츠 성공의 법칙』을 보면 새로운 습관을 만들려면 3주간 매일 하면 된다고 합니다. 그래서 여러분께도 3주를 목표에 두고 매일 그려보는 것을 추천드립니다. 저도 시작은 3주를 목표로 했고, 지금은 9년째 꾸준히 그림을 그리고 있습니다.

항상 처음 마음먹기가 가장 힘듭니다. 자동차의 변속 기어 아시죠? 자동차를 움직이려면 일단 주차 브레이크를 풀고 기어를 P에서 D로 바꿔야 출발을 합니다. 엔진의 힘은 바로 기어가 1단 상태일 때 가장 많이 필요합니다. 차량의 속도가 올라가고 가속도가 붙으면 훨씬 적은 엔진의 힘으로도 다음 단계로 넘어갈 수 있습니다. 그림 그리기도 마찬가지입니다. 처음 시작하는 단계에서 가장 많은 고민과 걱정을 합니다. 하지만 주차 브레이크를 풀고 일단 출발을 하고 나면 그 다음이 쉬워지듯 1단의 속도로 천천히 나가면 됩니다.

잠시 우리의 어린 시절을 생각해보세요. 겨우 숟가락을 잡을 수 있을 정도의 악력이 생기면, 그때부터 우리는 그림을 그리기 시작했습니다. 가장 만만한 재료가 크레파스였습니다. 스케치북은 물론이고, 벽, 책상 등 온 집안에 낙서를 했습니다. 어린이들은 그게 낙서든 작품이든 그냥 그림을 그리는 행위 차제만으로 즐겁고 행복합니다. 그래서 부모님이 말릴 때까지 그림을 그렸습니다. 그러나 나이가 들고 성인이 된 후에는 어떤가요? 우리는 더이상 아이 때처럼 그리지 않습니다. 왜 그런 걸까요? 성인이 되면 그림을 그리는 행위만으로는 만족하지 못하기 때문입니다. 스스로 만족할 수 있는 수준의 멋진 그림을 그리고 싶어 하죠. 하지만 자신의 그림이 생각보다 훌륭하지 않다는 것을 깨닫는 순간! 우리는 그림 그리기를 멈추게 됩니다. 보통 초등학교 고학년이 바로 이런 판단을 하는 시기입니다. 일부 재능을 가지고 있는 친구들은 자신의 작품에 만족하고 계속 그림 그리기를 하게 되지만 대부분의 평범한 친구들은 자신의 작품에 만족하지 못하며 어느 순간 그림 그리기를 멈추게 됩니다. 그 결과, 학교를 졸업한 후 평생 그림 그리기와 거리를 두고 살아갑니다.

지금, 다시 그림을 시작한다면 아마도 빠른 시간 안에 본인의 그림이 만족스러워야 그림 그리기를 멈추지 않을 것입니다. 적당한 대상을 보고 따라 그리는 것을 추천해 드리는 이유가 바로 이 때문입니다. 어린이들은 마음대로 그리고 싶은 것을 그리는 것에 익숙하지만, 성인들에게 '마음대로 그려 보세요'라고 하면 뭐부터 그려야 하나 고민부터 하게 됩니다. 그림 그리기를 몇 년이나 한 저에게도 어려운 주문입니다. 그래서 저는 지금도 무엇인가 보고 따라 그리는 것을 좋아합니다.

이제 보고 따라 그리는 방법에 대해 알려드리겠습니다.
총 3단계가 있습니다.

1단계 그림 보고 그리기

앞서 이야기한 대로 적당한 책을 선택해서 따라 그리는
것이 바로 이 단계입니다. 이 단계에서는 색상, 명암, 질감
등이 표현되지 않은 오직 선으로만 되어 있는 그림(라인 아
트, 일러스트)을 그리는 것이 좋습니다. 색상, 명암, 질감 등
은 이 단계에서는 초보자에게 너무 큰 산처럼 느껴집니다.
오직 선만으로 되어 있는 작품을 보고 따라 그리기를 합니
다. 그러면 그 결과물이 생각보다 멋지게 느껴집니다. 자
신이 그려낸 작품이 마음에 들어야 우리는 이 작업을 더
오랫동안 즐겁게 할 수 있습니다. 물론 선으로만 그림을
그리는 단계를 충분히 연습했다면 약간의 명암을 넣어 볼
수도 있습니다.

2단계 사진 보고 그리기

라인 아트의 다음 단계는 사진 보고 그리기입니다. 1단계와 2단계의 공통점은 모두 2차원의 평면 이미지를 스케치북으로 옮긴다는 점입니다. 대신 차이점은 사진의 경우 색상, 명암 등이 포함되어 있다는 점입니다. 따라서 사진을 보고 그림을 그릴 경우에는 색상을 표현하는 재료를 함께 사용하는 것이 좋습니다. 다양한 재료 중에서도 가장 추천하는 것은 색연필입니다. 초보자도 비교적 쉽게 색상을 표현할 수 있는 재료입니다. (자세한 것은 뒤에서 좀 더 설명해 드리겠습니다.)

인터넷에서 적당한 이미지를 찾아서 스케치북과 같은 크기로 출력해서 옆에 두고 따라 그리면 비교적 쉽게 그릴 수 있습니다. 이때 중요한 것은 사진의 모든 부분을 그대로 옮기려는 욕심을 부리지 말고 사진의 중심이 되는 대상에만 중점을 두고 그리는 것입니다.

3단계 실물 보고 그리기

가장 어려운 단계입니다. 그 이유는 바로 우리가 보는 대상이 바로 3차원의 입체이기 때문입니다. 사람의 눈이 두 개인 까닭은 세상을 3차원으로 보기 위함입니다. 3차원의 입체를 평면인 종이 위에 옮길 때는 적당한 시각적인 규칙이 필요합니다. 이 규칙을 잘 지키면 자연스럽고 입체적인 그림이 됩니다. 그런데 이 규칙을 익히기 위해서는 상당한 연습이 필요합니다. 따라서 그림, 사진 같은 평면 이미지를 평면의 스케치북에 옮기는 것보다 3차원의 실물을 스케치북으로 옮기는 작업이 더 고난도의 그림 그리기에 해당됩니다. 그러나 앞서 언급한 두 단계를 열심히 하다보면 훨씬 수월하게 이 작업이 가능해집니다. 초보자라면 당연히 1, 2단계를 충분히 연습한 후에, 자신감이 생기면 3단계로 넘어가는 것을 추천합니다.

만화가이며 일러스트레이터인 김정기 작가님의 드로

잉 모습을 유튜브에서 본 적이 있습니다. (독자분들도 꼭 검색해서 살펴보세요. 이분의 그림 작업 과정이 어느 대기업 광고로도 사용되었습니다.) 이분은 아무것도 보지 않고 하얀 종이 위에 펜만 가지고서 쓱쓱 그림을 그립니다. 하지만 그 결과물은 놀랍도록 정확하고 정교합니다. 어떻게 이런 일이 가능할까요? 물론 타고난 재능도 있겠지만 이것은 상상을 초월하는 엄청난 연습량을 바탕으로 했기 때문입니다. 즉 무언가를 보고 그리는 연습을 꾸준히 하게 되면 이미지가 머릿속에 남게 되고 나중에는 보고 그리는 것이 아니라 머릿속에 있는 이미지를 꺼내 그리는 수준이 됩니다. 또한 연습을 통해서 우리의 손 근육도 점점 세밀한 작업이 가능하도록 발달하게 됩니다. 그러니 처음부터 큰 욕심을 낼 필요는 없습니다. 무엇인가 그리고 싶을 때 두려움 없이 그럭저럭 봐줄 만한 수준의 그림 정도면 충분합니다.

경험상 그림 실력이라는 것이 항상 투입된 시간에 비례해 꾸준하게 늘지는 않습니다. 초반에는 금방 실력이 좋아지는 것처럼 느껴지다가도 어떤 때는 도무지 내가 원하는 것과는 다른 방향의 결과물이 계속 나오는 날도 있습니다. 그러나 마음에 들지 않는 작품이 나오더라도 화를 낼 필요는 없습니다. 단지 '이런 스타일은 마음에 들지 않구나' 정도를 알게 되는 것으로 생각하면 충분합니다. 마음에 들지 않는 것을 알았다면 다음번에는 마음에 드는 것을 그리면 됩니다.

너무 바쁘고, 힘들고, 지쳐서 전혀 그림을 그릴 수 없는 날도 있습니다. 그런 날은 정말 마음이 무겁죠. 이럴 때 혹시나 마음 한구석에 오늘도 그림을 그려야겠다는 생각이 남아 있다면 딱 '10분'만 그리는 걸 추천해 드립니다. 하루는 무려 144개의 10분으로 이루어져 있습니다. 아무리 바빠도 144개 중 1개 정도는 사용할 수 있습니다. 놀랍게도 어떤 날은 단 10분 동안의 드로잉만으로 '오늘도 무엇인가 그렸다'는 뿌듯함으로 잠자리에 들 수 있습니다.

정리해보겠습니다. 일단 그림 그리기를 시작하고 싶다면 방법은 서점에 가서 가장 쉽고 마음에 드는 책을 하나

3단계 실물→

2단계 사진→

1단계 그림→

보고 그리는 3단계

사서 처음부터 끝까지 따라 그리기를 하는 것입니다. 그림 그리기에는 크게 3단계가 있습니다. 이 책을 보시는 분들은 아마도 초보분들이 많을 테니 일단 1단계에 해당하는 선 그림 그리기부터 도전해 봅니다. 처음 그림 그리기를 시작할 때 가장 중요한 것은 3주 동안 매일 그리는 연습을 하는 것입니다. 그리고 '오늘은 정말 그림 그릴 짬이 안 나는 날인데' 한다면 그날은 그냥 딱 10분만 그려본다고 생각하고 실천해봅니다.

색연필로 그림 그리기

그림 그리기를 본격적으로 시작하고 어느 정도 습관으로 만들어 가던 무렵이었습니다. 검은색 펜 하나로만 계속해서 그림을 그렸더니 다소 지루해지기 시작했습니다. 뭔가 예쁜 색을 칠해보고 싶은 마음이 들었습니다. 나 같은 초보자에게 뭐가 좋을까 생각해보다 문득 어린 시절 사용하던 색연필이 떠올랐습니다. 얇은 종이가 돌돌 말려 있는 색연필, 꼭지 부분을 돌리면 심이 나오던 플라스틱 몸통을 가진 색연필. 그리고 일반 연필처럼 몸통이 나무로 된 색연필.

어린 시절 처음 손에 쥐었던 그림 도구 중 하나가 색연필입니다. 12색 색연필을 가지고 '색칠 연습'이라고 해서 만화의 한 장면을 본떠 만든 검색 라인 밑그림 안에 색을 채워 넣던 기억이 납니다. '그래! 색연필을 사용해 보자'라고 생각하고 색연필에 관한 자료를 찾아보기 시작했습니다.

색연필은 크게 수성 색연필과 유성 색연필로 나뉘어집니다. 수성 색연필은 채색 후 붓으로 물을 바르면 마치 수채화와 비슷한 효과가 납니다. 반면 유성 색연필은 물에 번지지 않기 때문에 수성 색연필보다 발색이 좀 더 강하고 오랜 시간 동안 그림을 보존할 수 있습니다. 따라서 진한 색감의 예쁜 작품을 만들고 싶다면 유성 색연필이 좋습니다. 하지만 여행 중에 간단하게 그림을 그리고 채색까지도 해보고 싶다면 수성 색연필을 사용하는 것이 좋습니다. 야외에서 그림을 그리게 되면 이것저것 번거로운 장비들은 짐이 될 수 있습니다. 그래서 이런 경우 수채화보다 수성 색연필과 워터 브러시(플라스틱 몸통에 물을 채워 넣을 수 있는 휴대용 붓) 하나만 사용해서 간단하게 작업하면 편합니다.

펜으로 그림 그리던 것을 멈추고 색연필을 사용하고자 마음먹었을 때, 마침 아들이 사용하던 수성 색연필이 있었습니다. 그래서 저는 유성보다 수성을 먼저 선택해서 그림을 그렸습니다. 하지만 수성 색연필을 사용해보니 수채화의 느낌을 비슷하게 낼 수는 있지만 제가 원하던 색감에 비하면 살짝 부족한 느낌이 있었습니다. 그래서 좀 더 좋은 색연필을 구하고자 인터넷 검색도 해보고 도서관에 가서 초보자를 위한 색연필 관련 책도 읽어보았습니다. 그러고 나서 색연필 하나를 선택했습니다. 그것은 바로 독일에서 만든 '파버 카스텔 폴리크로모스' 36색 전문가용 색연필이었습니다. 생각보다 가격이 높아 구매를 망설이기도 했지만 실제로 사용해보니 발색이 정말 좋았습니다. 전문가용 제품이 왜 비싼지 금방 알 수 있었습니다. 저는 36색짜리 세트 제품을 선택했지만, 이 제품은 무려 120색 세트까지 출시되고 있습니다. 사실 작업을 하다 보면 36색은 살짝 부족한 느낌이 있습니다. 그런데 우연한 기회에 120

색 색연필 세트를 보게 되었는데 '와! 색상이 참 다양하고 아름답구나'라는 생각은 전혀 들지 않고 '헉! 케이스가 엄청나게 크고 무거워 보이네. 이걸 어떻게 들고 다니지? 비슷한 색상이 너무 많아서 선택이 힘들 것 같아'라는 생각부터 들었습니다. 저는 넘치는 것보다는 부족한 것을 좋아하는 스타일인가 봅니다. 만일 자신이 복잡하고 화려한 것보다는 소박함을 즐기는 사람이라면 저처럼 36색 정도면 약간 아쉬운 듯하지만 충분히 즐거운 그림 그리기를 할 수 있습니다.

이렇게 멋진 색연필이 저에게 온 그 날부터 저는 매일 밤 색연필로 그림일기를 쓰기 시작했습니다. 색연필로 그려내는 그림일기를 나중에 모아 보니 정말 엄청난 매력을 주는 작품집이 되었습니다. '그림일기'라는 단어를 들으면 대부분 초등학교(혹은 국민학교) 시절의 방학 숙제가 떠오릅니다. 저 역시도 마찬가지였고요. 그때의 그림일기는 그야말로 하기 싫은 숙제였습니다. 항상 개학이 코앞으로 다가왔을 때 괴로워하며 울고 싶은 마음으로 억지로 하던 숙제였죠. 그런데 성인이 된 후 아름다운 색연필로 그리는 그림일기는 완전 다른 느낌으로 다가왔습니다. 아침에 눈을 뜨면 '오늘은 어떤 것을 그리고 기록으로 남길까?'하는 생각에 설레는 마음으로 하루를 시작할 수 있었습니다. 예전 같으면 신경 쓰지 않고 지나쳐 버릴 것 같은 사소한 것들에도 관심이 가고 좀 더 자세하게 관찰하는 습관도 갖게 되었답니다. 모든 게 그림의 소재가 될 수 있으니까요.

색연필 그림은 생각보다 무척 아름다운 작품을 만들어 냅니다. 다만 시간이 오래 걸리는 문제가 있습니다. A5 크기의 스케치북에 손바닥만 한 작은 그림 하나를 완성하는 데에 한 시간이 훌쩍 지나가 버립니다. 물론 색연필만으로도 엄청나게 크고 아름다운 작품을 만들어내는 작가도 있습니다. 하지만 당시의 저처럼 이제 그림을 막 시작한 초보자의 경우에는 손바닥 정도 크기의 작품이 딱 적당한 것 같습니다.

색연필 그림을 시작할 때는 '부드럽게' 시작하는 것이 좋습니다. 초반에는 밝은 색부터 채색하고 뒤로 갈수록 점점 진한 색, 어두운 색을 사용해서 마무리합니다. 또한, 밑그림을 그릴 때는 채색하려는 색과 비슷한 색으로 합니다. 예를 들어 노란색 바나나를 그린다면 노란색으로 밑그림을 그리고, 빨간 사과를 그린다면 빨간색으로 밑그림을 그리는 것이죠. 그렇다면 풍경처럼 여러 가지 색이 동시에 사용되는 경우에는 어떤 색으로 밑그림을 그리는 것이 좋을까요? 밝은 회색으로 그리는 게 좋습니다. 저는 주로 따뜻한 회색 2번(Warm Grey II)을 사용해서 밑그림을 그립니다. 나중에 채색을 해보면 신기하게도 밑에 칠한 회색이 잘 보이지 않게 되고 부드럽게 사라져 버립니다. 밑그림 그리기에 검은색 색연필은 사용하지 않는 것이 좋습니다. 검은색 색연필로 바나나를 그리고 노란색으로 채색한다고 상상해 보세요. 노란색 색연필에 의해 검은색이 마구 번져서 마치 연탄이 묻은 바나나와 같은 느낌이 날 겁니다.

색연필은 건식 재료입니다. 즉 연필, 파스텔, 크레파스, 색연필과 같은 재료들은 종이 위에 미세한 가루들이 남아 있어 스케치북을 덮으면 반대편에 가루가 묻거나 손으로 문지르면 가루가 종이 위에서 번지게 됩니다. 이런 건식 재료를 사용한 작품을 보존하는 특별한 방법이 있습니다. 바로 픽사티브(Fixative)라는 정착액입니다. 픽사티브는 마치 미용실에서 사용하는 헤어스프레이처럼 생겼습니다. 완성된 작품 위에 픽사티브를 뿌리면 종이 위에 투명한 막이 생겨 작품을 오랫동안 보존할 수 있습니다. 주의할 것은 냄새가 엄청나게 고약해 절대 실내에서 뿌리면 안 되고 야외나 옥상 등 바람이 잘 부는 곳에서 뿌리는 것이 좋다는 것입니다. 또한, 너무 가까이에서 뿌리거나 많이 뿌리면 작품을 망칠 우려가 있으니 40~50cm 정도 거리를 두고 뿌리는 것이 좋습니다. 그리고 마르고 나면 한 번 더 살짝 뿌려주면 좋습니다. 저의 색연필 작품과 그림일기는 대부분 픽사티브를 사용해서 표면에 은은한 빛이 납니다. 그리고 몇 년이 지난 지금 다시 스케치북을 열어봐도 마치 어제 그린 것처럼 선명한 색을 잘 보존하고 있습니다.

그리고 색연필을 사용할 때 항상 함께하는 것이 바로 연필깎이입니다. 그림을 그리다 보면 금방 심이 뭉툭해집니다. 우리가 쉽게 볼 수 있는 복사지는 표면이 매끄럽지만 색연필 작업에 적당한 150~200g의 종이는 표면에서 질감이 느껴집니다. 이때 색연필을 아주 날카롭게 깎아야만 종이의 올록볼록한 부분을 모두 메꿔서 채색을 아름답게 할 수 있습니다. 날카롭지 않은 뭉툭한 색연필로는 깔끔하게 채색하는 것이 힘들고 결과적으로 종이의 흰 부분이 그냥 남아 있어서 마치 미완성 작품처럼 느껴질 수도 있습니다. 작업 중간에도 연필깎이를 이용해 심을 뾰족하게 만들어서 그리면 좋고 특히 작업이 끝난 후에는 귀찮겠지만 다음을 위해 색연필을 미리 깎아 두는 것이 좋습니다.

색연필을 깎을 때는 일반 연필과 색연필을 함께 깎을 수 있는 구멍이 두 개인 연필깎이를 사용하는 게 좋습니다. 일반 연필깎이는 단단한 흑연 심을 기준으로 만들어져 있기 때문에 여기에 색연필을 넣고 깎으면 심이 너무 뾰족하게 깎여 버립니다. 너무 뾰족하게 깎인 색연필 심은 쉽게 부서져 버립니다.

그림을 다 그린 다음 하루를 마무리하는 시간에 좋아하는 음악을 틀어놓고 색연필을 깎는 일은 귀찮거나 힘든 일이라기보다는 마음에 평화를 주는 시간입니다. 저는 이 시간을 무척 즐깁니다.

어른이 된 후 전문가용 고급 색연필로 그리는 그림일기는 저에게 소소한 즐거움을 주는 일이 되었습니다. 또한, 이렇게 만들어진 저의 그림일기는 몇 년이 지난 후에 다시 보아도 마치 어젯밤에 있었던 일처럼 그 모든 것들을 생생하게 기억하게끔 해줍니다. 여러분도 한번 색연필로 그리는 그림일기의 매력에 빠져 보시기 바랍니다.

⑤

수채화 트라우마 극복하기

수십 년이 지났지만 지금도 생생하게 기억이 납니다. 초등학교(저는 사실 ^^;; 국민학교를 졸업했습니다) 미술 시간의 아픈 기억입니다. 아마 다들 한 번쯤은 가지고 있을 것 같습니다.

수채화를 그리다 마음에 안 드는 부분이 있어 그 위에 덧칠을 몇 번 하다가 색은 점점 탁하게 바뀌고, 종이는 허물을 벗듯 점점 때를 밀어내며 쭈글쭈글해지고, 좀 심한 경우에는 종이에 구멍이 나기도 합니다. 이 정도 경험을 하고 나면 '난 정말 그림은 아니구나, 다시는 붓을 잡지 말아야지'하는 생각에 이르게 됩니다.

다행히 지금은 수채화의 재미와 매력에 푹 빠져 있지만 어린 시절의 수채화 트라우마는 상당히 오랫동안 저를 괴롭혔습니다. 독학으로 그림을 그리며 다양한 수채화 책을 읽고 따라 하면서 비로소 수채화가 왜 그렇게 우리를 골탕 먹였는지 이유를 알게 되었습니다. 오늘은 수채화 트라우마에 대해 설명해 드리는 것으로 이야기를 시작해보고자 합니다.

수채화에서 가장 중요한 것은 물감입니다. 유치원이나 초등학교에서 사용하는 물감은 대부분 부담스럽지 않은 가격대에 어린이가 사용하다 보니 인체에 무해한 소재로 만듭니다. 당연히 아름다운 발색을 기대하기는 어렵습니다. 저도 처음에는 수채 물감이 다 비슷비슷한 것 아닌가 하는 생각을 했습니다. 하지만 전문가용 고급 물감을 사용해 보고서는 약간 충격을 받았습니다. 처음에는 집에 있던 저렴한 학생용 물감을 이용해 그렸습니다. 그때는 '음,

나쁘지 않은데' 정도의 느낌이었습니다. 그런데 전문가용 고급 수채 물감을 한번 써보고는 '와! 이런 것이 바로 전문 가용 물감이구나!'라는 생각이 저절로 들었습니다. 발색 이 정말 충격적으로 아름다웠습니다.

　물론 가격은 몇 배나 차이가 납니다. 하지만 취미에 약 간의 투자를 할 수 있을 정도의 여유가 되신다면 고급 전 문가용 수채 물감을 사용해 보시기를 추천합니다. 시중에 는 정말 다양한 제품이 출시되어 있지만 제가 사용해본 제 품 중에 가장 가격 대비 성능이 만족스러운 제품은 놀랍게 도 국산 제품인 '미젤로 미션 골드 클래스' 수채 물감입니 다. 값비싼 수입산 물감에 절대 뒤지지 않는 아름다운 발 색을 가진 제품입니다. 기회가 된다면 꼭 한번 사용해 보 시기를 추천드립니다.

　어린 시절, 수채화를 그릴 때는 항상 필요한 물감을 팔 레트에 짜서 사용했습니다. 그리고 수업이 끝나면 곧바로 수돗가로 달려가 팔레트에 남아 있던 물감을 깨끗이 씻어 버렸던 기억이 납니다. 그런데 어른이 되어서야 알게 되었습니다. 수채 물감은 매번 사용할 때마다 짜서 쓰는 게 아니라 미리 팔레트에 짜두고서 말려서 사용하는 거라고. 팔레트에 짜 놓은 물감은 보통 2~3일 정도면 완전히 건조됩니다. 건조 후에는 물감의 부피가 절반 이하로 줄어듭니다. 팔레트에 순서대로 물감을 미리 짜서 말려 놓으면 몇 가지 장점이 있습니다.

작업 시간이 줄어듭니다. 매번 물감을 팔레트에 짤 필요가 없는 거죠. 붓에 적당한 양의 물을 묻혀서 건조된 물감을 쓱쓱 문지르면 금방 원하는 색을 만들어 낼 수 있습니다. 그리고 물감을 절약할 수 있습니다. 매번 팔레트에 물감을 짜서 사용하게 되면 그림 그리기를 마친 다음 팔레트를 세척하면서 남은 물감을 전부 물로 씻어 버리게 됩니다. 이 양도 무시 못 할 정도로 상당합니다. 그러나 팔레트 위에서 건조된 물감은 필요한 양만큼만 붓에 적셔서 사용하게 되니 그 양이 정말 얼마 안 됩니다. 그리고 다 쓴 다음에는 물티슈로 표면만 살짝 닦아 다시 건조해두면 다음번 사용할 때 아무런 문제 없이 다시 쓸 수 있습니다. 그래서 건조된 물감은 생각보다 굉장히 오래 사용할 수가 있습니다.

그리고 수채화를 그리기 전에 통상 밑그림을 그리는데, 학교 다닐 때는 4B연필로 밑그림을 그렸습니다. 그런데 저는 4B연필이 수채화 용도로는 별도 어울리지 않는다고 느꼈습니다. 4B연필은 오직 연필만으로 형태와 명암을 다 표현해야 하는 소묘에 어울립니다. 진하고 어두운 부분을 빠르게 만들 수 있기 때문입니다. 그리고 4B연필로 스케치하게 되면 스케치북과 손이 금방 얼룩이 지고 더러워집니다. 조심한다고 해도 검은색 연필 흔적이 남습니다. 그리고 너무 진해서 밑그림을 수정하기 위해 연필 자국을 지운다고 지워도 미세하게 자국이 남습니다. 그리고 심이 단단하지 않고 물러서 뾰족한 심보다는 굵은 심을 주로 사용하게 되는데, 그러다 보니 세밀한 묘사를 하기에도 적당하지 않습니다. 그래서 만일 연필로 밑그림을 그리고 싶다면 흔히 구할 수 있는 HB가 더 적당합니다.

만일 깨끗하게 지워지는 것을 원하거나 가는 선으로 그

리고 싶다면 인터넷 쇼핑몰이나 화방에서 판매하는 2H 연필을 사용하는 게 좋습니다. 제 경험상 수채화에 가장 잘 어울리는 연필은 2H입니다. 저는 연필로 간단한 밑그림을 그리고 물에 번지지 않는 피그먼트 펜으로 세밀하게 밑그림을 그립니다. 그리고 연필 선을 깨끗하게 지운 다음 마지막으로 수채 물감으로 채색합니다. 이 경우에도 2H 연필을 사용하면 지저분한 자국을 남기지 않고 깨끗하게 지울 수 있습니다.

수채화는 시간이 필요한 그림입니다. 수채화에 필요한 시간이라는 것은 두 가지 의미가 있습니다.

첫 번째는 작업에 필요한 시간입니다. 어린 시절에는 모든 작업을 한두 시간 이내에 마무리해야만 했습니다. 미술 수업을 두 시간 이상 하는 경우는 없었죠. 그래서 앞서 칠한 색이 마르기도 전에 자꾸만 덧칠하는 실수를 하게 됩니다. 물기가 남아 있는 부분 위를 다른 색이 지나가게 되면 두 색이 번지면서 걷잡을 수 없는 상황이 발생합니다.

하지만 충분히 마른 다음이면 겹쳐 칠하는 것도 괜찮습니다. 겹쳐 칠하다 보면 오히려 멋진 작품이 될 가능성이 높습니다. 그래서 수채화는 하루만에 완성하지 않고 며칠을 두고 천천히 작업하는 것이 좋습니다.

퇴근 후 저녁을 먹고 수채화 채색 작업을 하다 피곤해 잠이 든 적이 있습니다. 다음 날 아침에 저녁에 그리다 만 작품을 봤는데, 어젯밤과는 전혀 다른 느낌이었습니다. 그 이유는 수채화 물감이 완전히 건조되면서 색상이 20% 정도 밝아졌기 때문입니다. 그래서 작품이 더 맑고 화사하게 보였습니다.

두 번째는 실력을 늘리기 위해 필요한 시간입니다. 수채화는 생각보다 까다로운 작업입니다. 물의 비율에 따라 다른 색상과 특성을 가지는 물감, 브랜드에 따라 다양한 특성을 보이는 수채화용 종이(보통 300g 이상의 묵직한 종이를 사용합니다), 다양한 굵기의 붓으로 그림을 그려나가는 작업입니다. 그래서 수채화 실력은 단기간에 좋아지지 않습니다. 제 경우에는 3년 정도 그림을 그리고 나서야 사용하는 물감과 종이의 특징 등을 알 수 있게 되었습니다.

자신이 사용하는 도구와 재료의 특징을 알고 나면 작업 진행 상황에 따라 어떤 일이 일어나게 될지 예측할 수가 있고, 예측할 수 있으면 문제가 생겨도 당황하지 않고 마음 편하게 대처할 수 있습니다. 예를 들어 제가 사용하는 수채화 종이는 화장실용 휴지와 달리 물이 묻으면 곧바로 흡수되지 않고 일정 시간이 흐른 후에야 종이에 흡수됩니다. 이런 특징을 알고 있다면 작업 중에 실수로 붓을 떨어 뜨려도 당황하지 않고 재빨리 휴지로 닦아낼 수 있습니다. 이처럼 어떤 상황에서 발생할 수 있는 일들을 미리 알고 있다면 스트레스 없이 좀 더 즐겁게 작업할 수 있습니다.

수채화 물감에는 크게 두 종류가 있습니다. 완전히 마른 후에 겹쳐 칠하면 앞서 칠한 색이 보이지 않는 불투명 수채화 물감과 마른 후에 덧칠하게 되면 아래쪽의 색이 비쳐 보이는 투명 수채화 물감입니다. 주변에서 가장 쉽게 접할 수 있는 불투명 수채화 물감은 포스터컬러입니다. 보통 우리가 수채 물감이라고 부르는 것들은 대부분 투명 수채화 물감입니다. 이 투명 수채화 물감의 매력은 바로 겹쳐 칠하기입니다. 처음 칠한 부분이 완전히 마른 후에 다른 색을 위에 겹쳐 칠하면 색이 중첩되면서 입체감이 표현됩니다. 물론 처음 칠한 부분이 건조되는 데에는 시간이 필요합니다. 제 경우에는 비교적 멀리 떨어진 다른 부분을 채색하거나 급하면 헤어드라이어를 이용해 건조를 시키는 경우도 있습니다. 만약 여러분도 헤어드라이어를 이용해 채색을 말려야 한다면, 뒷면으로 바람을 뿌려야 합니다. 그래야 물감이 흐르는 것을 막을 수 있습니다. 꿀팁이죠? (^^)

수채화를 처음 시작할 때는 너무 어렵고 복잡한 그림은 피하는 것이 좋습니다. 쉽고 만만하고 재미있는 소재를 그리는 것이 좋습니다. 제 경우에는 집에 있는 다양한 동화책을 따라 그리는 것으로 시작했습니다. 특히 『배고픈 애벌레』『울지 않는 귀뚜라미』『아빠, 달님을 따 주세요』 등의 책을 낸 세계적인 베스트셀러 작가 에릭 칼의 작품을 많이 따라 그렸습니다. 아이들에게 밤마다 읽어 주던 작품이라 친숙하기도 하고 그림체도 쉬워 따라 그리는 재미가 있었습니다. 이 책에는 다양한 동물들이 등장하는데 동물은 사실적으로 그릴 경우 상당히 그리기가 까다롭습니다. 다행히 에릭 칼의 동화에 나오는 동물은 누구나 쉽게 따라 그릴 수 있는 수준이라 저에게는 매우 좋은 그림 소재였습니다. 여러분도 자신이 좋아하는 책을 수채화로 그려 보는 경험을 꼭 해보시기 바랍니다.

그리고 제가 수채화로 정말로 그리고 싶었던 것이 있었는데, 그것은 바로 가족 얼굴이었습니다. 인물화는 절대 쉬운 영역이 아닙니다. 스케치를 몇 번 해보면 금방 알게 됩니다. 인간의 얼굴은 정말 오묘해서 눈, 코, 입의 크기와 위치가 조금만 어긋나도 많이 부자연스러워지고 전혀 딴사람이 되어 버립니다. 저는 몇 번의 시행착오를 겪다가 저만의 비법을 하나 만들었습니다. 그것은 바로 트레이싱지를 이용하는 방법입니다. 이 특별한 종이는 문방구에서 쉽게 살 수 있습니다. 먼저 사진을 A4 크기로 프린트합니다. 그리고 프린트한 사진 위에 트레이싱지를 올려놓고 테이프나 클립으로 고정한 다음 트레이싱지 위에서 연필로 얼굴을 따라 그리는 방법입니다. 이렇게 연필로 하는 스케치가 완성되면 트레이싱지를 다시 스케치북 위에 올려놓고 동전으로 빡빡 문지릅니다. 빡빡 문질러야 연필 자국이 스케치북 위에 선명하게 남게 됩니다. 이렇게 하면 쉽게 얼굴 윤곽이나 눈, 코, 입 등을 스케치북 위로 옮길 수 있습니다. 이렇게 기본 윤곽을 잡은 다음 나머지 부분은 사진을 보고 좀 더 세밀하게 완성하게 되면 인물화 그리기도 그리 어렵지 않게 실패 없이 마칠 수 있습니다. 짧은 실력으로 인물 수채화를 그려볼 수 있는 저만의 꿀 팁입니다. (^^)

수채화는 생각보다 매력적입니다. 제가 알려드린 방법을 이용해 수채화에 대한 트라우마를 극복해보면 좋겠습니다. 그리고 시간을 두면서 천천히 하나씩 하나씩 채색을 입혀 그림을 완성해보면 좋겠습니다. 처음 수채화를 익힐 때 전날 작업한 작품이 아침에 일어났을 때 전혀 다른 느낌을 주는 그림이 되는 과정을 보는 것은 언제나 즐거운 경험입니다. 여러분도 좋은 물감과 두툼한 종이에 좋아하는 소재를 그려보고, 물감이 마르기를 기다리며 천천히 차 한잔을 마셔보세요. 이때 잔잔한 음악까지 곁들여진다면 '행복이 바로 이런 것이구나'라는 생각이 저절로 들 겁니다.

⑥

10가지 그리기에 도전하기

지금쯤이면 아마도 많은 독자분들이 '나도 한번 그림을 그려보고 싶다'는 마음이 생기셨을 것 같습니다. 이제 어느 정도 용기가 생겼다면, 그래서 일단 한번 시작해 보고 싶다면 지금 소개하는 10가지 과제에 도전해 보면 좋을 것 같습니다. 뒤로 갈수록 난이도가 높아지고 시간도 걸리겠지만 주변에 그림 그리기에 관심이 있는 다른 가족, 친구, 동료가 있다면 함께 도전해보면 더 좋겠지요.

도전 1. 캐릭터 라인 아트 그리기

첫 번째 도전 과제는 가장 쉽답니다. 여러분이 좋아하는 캐릭터를 찾아서 검은색 선(라인 아트)으로 따라 그려 보는 것입니다. 검정 펜과 A5 크기의 종이를 준비합니다. 200g 정도의 스케치북이면 적당합니다. 그런 다음 인터넷 검색을 통해서 원하는 캐릭터를 찾아봅니다. 저는 주로 구글 이미지 검색을 이용합니다. 맨 먼저 그리고 싶은 캐릭터 명칭을 검색 창에 넣고 검색을 합니다. 통합 검색 결과가 보일 텐데 여기에서 이미지를 선택하면 따라 그릴만한 캐릭터 사진들이 주르륵 뜹니다. 이때 검색 옵션으로 [유형], [선화]를 차례대로 선택하게 되면 라인 아트 이미지만 찾을 수 있습니다. 적당한 사이즈의 이미지를 찾았다면 프린트를 합니다. 크기는 A5 정도가 적당합니다. 흔히 사용하는 A4 복사 용지의 절반 크기로 인쇄를 합니다. 그런 다음 옆에 놓고 천천히 따라 그립니다. 생각보다 근사한 작품이 만들어집니다.

도전 2. 매일 사용하는 물건 그리기

첫 번째 도전에 성공했다면 다음 단계는 주변의 사물을 그려 보는 것입니다. 여러분이 머무는 공간을 둘러보시고 매일 사용하는 물건을 선택하세요. 가능하면 손바닥 정도 크기의 물건이 적당합니다. 예를 들면 스마트폰, 지갑, 안경 이런 물건들입니다. 이번에도 마찬가지로 A5 크기의 종이에 검정 펜만으로 그려 보세요. 이때 색상과 명암은 신경 쓰지 말고 형태에 집중하는 것이 좋습니다. 물론 마음에 들지 않을 수도 있습니다. 그래도 끝까지 완성을 하고나서 오른쪽 아래에 날짜와 서명을 쓰세요. 분명 알 수 없는 뿌듯함이 가슴 속에 생깁니다.

도전 3. 내 손 그리기

이번 도전 과제는 바로 여러분의 손을 그려 보는 것입니다. 그런데 손이라는 대상은 생각 이상으로 그리기가 만만치 않습니다. 우리 몸에는 모두 206개의 뼈가 있는데, 그중 손에 있는 뼈 개수가 양손을 합하여 무려 54개입니다. 이것이 바로 인간의 손이 자유롭게 움직이고 정밀한 작업이 가능한 이유입니다. 분명 잘 그리고 싶은 마음은 가득하지만 처음 그렸다면 마음에 들지 않을 수도 있습니다. 이럴 때는 어린이의 마음으로 돌아간다고 생각하는 게 좋습니다. 자신이 여덟 살 어린이라고 생각하고 그 수준의 작품을 그린다고 생각합니다. 검색을 통해서 초등학생 친구들이 그린 손을 참고해 보세요. 그림 그리기가 좀 만만해질 겁니다.

도전 4. 내 신발 그리기

이번 과제는 우리가 매일 신는 신발입니다. 구두, 운동화, 슬리퍼 등 뭐든지 좋습니다. 신발 그림을 완성하게 되면 생각보다 큰 성취감을 얻을 수 있습니다. 여러분의 신발을 가져다 책상 위에 올려놓고 검정 펜으로만 그려 보세요. 혹시 신발 끈이 있다면 자세히 관찰해서 표현해 봅니다. 분명 쉽지는 않겠지만 나중에 신발 끈 덕분에 작품의 완성도가 많이 높아집니다. 혹시 종이 한 장에 다 담을 수 없다면 신발 일부분만 그려 보는 것도 좋습니다. 억지로 크기를 줄여서 종이에 전부 담으려고 하지 말고 과감하게 구도를 잡고 신발 일부만 그리는 것이 훨씬 멋지게 느껴집니다. 혹시 신발에서 냄새가 날 것 같아 망설여지신다고요? 그러면 신문지를 뭉쳐 신발 안에 넣어두세요. (^^)

도전 5. 좋아하는 과자 그리기

네 가지 도전 과제에 성공했다면 이제 색을 사용해도 좋습니다. 가장 추천할 만한 재료는 색연필입니다. 유치원이나 초등학교에서 사용하던 익숙한 경험을 가지고 있죠. 36색 정도면 적당하고 물에 번지지 않는 유성 색연필이라면 발색이 좀 더 좋습니다. 가격이 좀 부담스럽지만 전문가용 색연필을 쓸 수 있다면 정말 좋습니다. 써보면 느

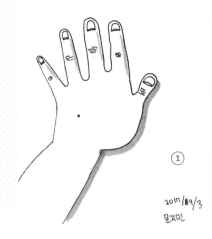

2017/09/3
문제민

①

②

① 초등학생이 그린 내 손
② 색연필로 그린 과자

끼겠지만 전문가용은 정말 아름다운 색을 나타냅니다. 색연필이 준비되면 집 근처의 편의점이나 마트에 가서 평소에 즐겨 먹는 과자를 사 옵니다. 이 과자를 색연필로 그려보는 것입니다. 밑그림을 밝은 회색으로 그리면 채색 후에 눈에 거슬리지 않고 부드럽게 어우러집니다. 색연필은 쉽게 시작할 수 있는 장점이 있지만 완성까지 꽤 시간이 걸린다는 단점도 있습니다. 그러나 완성된 작품은 근사하게 느껴집니다.

도전 6. 좋아하는 음식 그리기

앞선 도전에서 처음으로 색연필을 사용하기 시작했으니, 이번 도전에도 계속해서 색연필을 이용해 채색해보면 좋겠습니다. 이번에 그려볼 도전 과제는 음식입니다. 여러분이 좋아하는 음식 사진을 인터넷에서 찾아보고, 그걸 그려도 좋고 직접 촬영한 사진을 이용해도 좋습니다. 음식을 직접 보고 그리면 제일 좋겠지만 음식이 식으면 맛이 없어지니 일단 사진을 찍고, 음식을 먹고, 나중에 사진을 보고 그리는 걸 추천해 드립니다. 색연필의 부드러운 느낌과 예쁘고 다양한 색은 음식을 표현하기에 매우 적당합니다. 밑그림을 그릴 때는 과자를 그릴 때처럼 밝은 회색으로 그리면 좋습니다. 채색 후에 밝은 회색이 눈에 거슬리지 않고 적당히 잘 어울리면 좋겠죠.

도전 7. 책 그리기

우리 주변에서 매우 쉽게 만나볼 수 있는 소재가 바로 책입니다. 집, 학교, 직장, 카페 등 어느 곳에서나 쉽게 책을 접할 수 있죠. 이번 도전 과제는 바로 책 그리기입니다. 음식을 그릴 때는 색연필이 적당했는데, 책을 그릴 때는 수채 물감을 사용해 보기 바랍니다. 아들이 어렸을 적, 집 근처 도서관에서 아들과 함께 그림을 그렸던 추억이 아직도 생생합니다. 아들이 자신이 좋아하는 책을 선택하면 제가 밑그림을 그린 후에 아들이 작은 휴대용 고체 물감 세트를 이용해 채색했습니다. 아버지와 아들의 협업 작품인 셈이죠. 책을 그릴 때는 표지만 그리는 것이 아니라 육면체 모양 그대로를 표현하는 게 좋습니다. 혹시 책이 너무 크다면 일부분만 그려 보는 것도 좋습니다. 너무 수직으로 반듯하게 그리는 것보다 살짝 기울여서 그리는 게 좋습니다. 마지막으로 그림자도 넣어 봅니다. 완성한 후에 서명까지 마치게 되면 세상에 하나뿐인 여러분의 작품이 됩니다.

도전 8. 반려동물 초상화

이번 도전 과제는 살짝 어렵게 느껴질 수도 있습니다. 여러분과 함께 생활하는 강아지, 고양이 등의 반려동물의 초상화를 그리는 것입니다. 직접 보고 그리기는 어려우니 사진을 찍어서 일단 따라 그리기를 해보는 게 좋습니다. 앞서 트레이싱지를 이용하는 방법을 소개한 적이 있습니다. 사진을 A4 크기로 출력한 후에 그 위에 반투명의 트레

①

2016. 9. 24
지우

②

① 색연필로 그린 도시락
② 아들과 함께 그린 동화책

이싱지를 올려놓고 연필로 따라 그린 후에 스케치북에 올려놓고 동전으로 힘차게 문지르면 사진과 비슷한 밑그림을 얻을 수 있습니다. 형태를 어느 정도 땄다면 이제는 직접 눈, 코, 입의 위치와 크기를 자세히 관찰하고 표현해 보는 것입니다. 처음에는 어려울 수 있습니다. 이 방법이 익숙해지면 나중에는 자신의 자화상도 그려보고 가족들의 얼굴도 그려 봅니다. 세상에서 가장 좋은 작품은 자신이 사랑하는 대상을 따뜻한 시선을 가지고서 그리는 것입니다. 그 대상이 동물이건, 사람이건 사랑하는 마음이 있으면 그 마음이 작품에 나타납니다.

도전 9. 내 방 그리기

이번 도전 과제는 난이도가 가장 높습니다. 방 그리기입니다. 방은 비교적 큰 실내 공간입니다. 실내 공간은 구도 잡기가 만만치가 않습니다. 어디서부터 시작해야 할지 감이 안 잡힙니다. 3차원의 세상을 2차원의 평면으로 옮

① 우리 집 반려견 사모예드 미호
② 내 방 그리기

기는 작업은 상당한 훈련이 필요합니다. 초보자가 시도해 볼 수 있는 좋은 방법은 사진을 찍어서 사진을 보고 그리는 것입니다. 이때 사진의 크기와 스케치북의 크기가 같으면 옮겨 그리기가 쉬워집니다. 그래도 어렵다면 사진 위에 가로세로 선을 몇 개 그리세요. 예를 들어 가로세로 각각 3개의 선을 그리면 가로로 4개, 세로로 4개의 사각형이 만들어집니다. 스케치북에도 연필로 선을 그려서 사각형을 만든 후에 이 사각형 안의 이미지를 한 칸씩 따라 그리기를 합니다. 구도가 반드시 정확해야 할 필요는 없으니 부담 없이 시작해 보세요. 내가 머무는 공간을 그려 보는 새로운 재미가 있습니다. 채색해도 좋고 스케치만 해도 좋습니다.

도전 10. 나만의 굿즈 만들기

9가지 도전 과제를 성공적으로 완수했다면, 이번 도전 과제는 어쩌면 가장 빠르게 끝낼 수 있는 과제입니다. 지금까지 여러분이 그린 작품 중 하나를 골라 세상에서 하나뿐인 나만의 굿즈를 만드는 것입니다. 방법은 매우 간단합니다. 여러분의 작품을 스캔하거나 촬영해서 스마트폰, 티셔츠, 에코백 등으로 인쇄하는 것입니다. 요즘은 그림 데이터를 인터넷으로 올려 직접 주문 제작을 해 볼 수 있는 서비스가 많습니다. 이런 서비스를 보통 '커스텀 프린팅'이라고 합니다. 제가 자주 이용하는 몇 곳을 소개해보겠습니다. 첫 번째는 마플(marpple.com)이라는 곳인데, 정말 다양한 제품을 간단하게 주문할 수 있는 사이트입니다. 의류, 폰케이스, 액세서리 등을 주문할 수 있습니다. 다만, 제작 기간이 살짝 느리다는 단점이 있습니다. 두 번째는 오프린트미(ohprint.me)입니다. 스티커, 캘린더, 카드, 티셔츠 등을 주문할 수 있습니다. 웹으로도 기본적인 편집 작업이 가능하게끔 지원해 줍니다. 마지막 세 번째는 케이스바이미(caseby.me)라는 곳입니다. 이곳은 오직 스마트폰 케이스만을 전문적으로 만드는 사이트입니다. 다양한 기종의 케이스를 제작할 수 있고 제작 속도도 빠른 편입니다.

이렇게 10가지 도전 과제 모두를 소개해 드렸습니다. 어쩌면 모든 과제가 다 어렵게 느껴질 수도 있습니다. 그러나 일단 용기를 가지고 첫 번째 과제를 시작해 보면 의외로 쉽게 된다는 것을 확인할 수 있습니다. 그러면 다음 단계로 하나씩 도전을 이어갑니다. 매일 하나씩 도전하기가 힘이 든다면 일주일에 하나씩만 도전해도 좋습니다.

그림 그리기 좋은 장소

그림 그리기를 평생 함께할 나만의 취미로 만들고 싶다면 당연한 이야기겠지만, 일상 속에서 틈틈이 그리고 꾸준히 그리는 것이 가장 좋은 방법입니다. 오늘은 꾸준히 그림을 그릴 수 있는 나만의 장소 만들기를 이야기해보고자 합니다. 제가 지금까지 경험한 그림 그리기 장소들의 장단점과 특징들을 소개하면 다음과 같습니다.

집

가장 편하고 익숙한 장소입니다. 자신의 방이 있다면 그곳을 작업실로 사용하면 되겠지만, 여의치 않다면 가족과 함께 쓰는 공동 공간도 나쁘지 않습니다. 거실, 주방 등 적당한 테이블과 의자가 있으면 어디라도 작업실이 될 수 있습니다. 다만 작업이 끝난 후에는 가족들을 위해 깨끗이 정돈하는 것이 좋습니다. 종종 식탁이나 거실이 지저분하게 되는 것을 참지 못하는 가족도 있으니 사전에 동의를 구해야겠죠? 작은 작품의 경우 하루 안에 완성되는 경우도 있지만 대작(?)의 경우 며칠, 혹은 몇 주씩 작업이 계속될 때도 있습니다. 이럴 때도 가능하면 매일 빼먹지 않고 그림 도구를 정리정돈해주는 게 좋습니다. 그래야 다음날 상쾌한 기분으로 다시 그림을 이어갈 수 있습니다. 팔레트를 깨끗이 닦고, 붓을 빨고, 미리 물통에 다음날 사용할 물까지 채워 놓고 잠자리에 들면 기분이 더 뿌듯해지고 좋습니다.

집에서 작업할 때 가장 중요한 것은 테이블입니다. 작은 그림은 식탁이나 거실 테이블 혹은 책상 위에 올려놓고 그림을 그려도 상관없지만 그림이 커지면 각도를 조절할 수 있는 테이블이 있으면 참 좋습니다. 마치 책을 읽을 때 독서대를 이용하면 좀 더 편해지는 것과 비슷합니다. 저의 경우 다행히 딸아이가 고등학생 때 사용하던 각도 조절이 되는 책상이 있어서 그걸 사용했습니다. 이 책상의 유일한 단점은 가격이 꽤 고가라는 점입니다. 그래서 일부러 그림 때문에 각도 조절이 가능한 책상을 사는 것보다는 각도 조절이 가능한 상판만 따로 구매하는 걸 추천해 드립니다. 인터넷에서 '각도 조절 보조 책상'이라고 검색을 해보면 기존 책상 위에 올려놓고서 쓸 수 있는 제품을 발견할 수 있습니다. 마치 거대한 독서대처럼 생겼지만 그런대로 쓸 만합니다.

집이 항상 장점만 가지고 있는 것은 아닙니다. 너무나 익숙한 공간이기 때문에 그림에 대한 새로운 영감을 얻기가 쉽지 않을 수도 있습니다. 이런 경우 도구를 챙겨 새로운 장소를 찾아 나서는 것도 좋은 방법입니다.

일터

보통 집과 함께 가장 많을 시간을 보내는 장소입니다. 매일 퇴근 후에 그림을 그리는 것이 습관이 된 저는 저녁마다 그림 그리기에만 집중하고 있으려니 가족들에게 조금 미안한 생각이 들었습니다. 그래서 가족과 함께하는 시간을 뺏지 않고서도 그림을 그릴 수 있는 방법을 생각해 보았습니다. 그곳은 바로 직장이었습니다. 물론 업무 시간 중에 그림을 그리는 것은 아닙니다.

제가 다니던 직장은 출근 시간이 오전 9시였는데, 제가 한참 열심히 그림을 그릴 때는 오전 7시 반까지 출근을 하고서는 업무 시작 전까지 그림을 그렸습니다. 한 1년 정도를 그렇게 매일 그렸습니다. 그림을 그리기 위해 한 시간 정도 일찍 나오니 대중교통 이용에도 여유가 있고 출근 시간도 짧아지는 장점이 있었습니다. 일터에서 그림을 그릴 때 한 가지 주의할 점은 가능하면 자신의 자리가 아닌 다른 곳에서 그림을 그려야 한다는 것입니다. 다들 공감하겠지만 출근해서 컴퓨터를 켜는 순간! 그림 그리기에 몰입하기가 쉽지 않을 겁니다. 그 이유는 굳이 설명하지 않아도 아시겠죠? (^^) 그래서 저는 주로 빈 회의실이나 사내 카페에서 자주 그렸습니다.

　모두가 함께 일하는 공간에서　오직 나만을 위한 창의적인 작업 경험은 지금까지 해보지 못한 전혀 새로운 즐거움이었습니다. 빨리 회사에 가서 그림을 그려야지 하는 마음에 아침잠에서 금방 눈이 떠지고 출근길이 즐거워지기도 했으니까요. 물론 회사마다 그림을 그릴만 한 장소가 있는지 그리고 업무 외 시간을 이용해서 그림 그리기를 해도 되는지는 각각 다를 수 있습니다. 하지만 그동안 아무도 그런 시도를 안 해봤다면 여러분이 맨 먼저 시도해보세요. 다들 비슷한 생각으로 망설였을 수도 있으니까요. 꼭 그림뿐만 아니라 다른 것에 있어서도요.

카페

그림 그리기 경험이 충분히 쌓이면 거리로 나가서 멋진 풍경을 담을 수도 있지만, 그전까지는 연습 삼아 카페에서 그림 그리기를 해 보면 좋습니다. 매일 같이 머무는 집이나 일터를 빼고서 카페는 가장 그림 그리기가 적당한 장소입니다. 무엇보다 편하게 그림을 그릴 수 있는 테이블과 의자가 있습니다. 거리에서 야외 스케치를 하게 되면 테이블과 의자가 없어 오랫동안 작업하기가 힘들지만 카페에서는 꽤 오랜 시간을 집중할 수 있습니다. 다만 너무 많은 도구를 테이블 위에 펼쳐 놓으면 다른 손님들의 시선이 따갑게 느껴질 수도 있습니다. 그래서 저 같은 경우 비교적 작은 스케치북과 작은 팔레트를 사용했습니다.

그리고 카페마다 고유한 자신들만의 조명이 있습니다. 저는 너무 어둡거나 밝지 않는 분위기의 조명이 그림 그리기의 즐거움을 더욱 크게 만들어준다고 생각합니다. 그림의 색감이 더 화사하게 느껴지니까요.

카페 온도는 언제나 적정 온도를 유지하고 있죠? 여름에는 시원하고 겨울에는 따뜻하고, 그리고 자신이 좋아하는 차와 음료, 쿠키 등을 먹으며 그림을 그릴 수도 있습니다. 이 같은 소소한 즐거움이 그림 그리기를 더욱 즐겁게 만들어 준답니다. 그리고 카페에는 적당한 음악과 소음이 있습니다. 백색 소음이라고도 하는데 너무 조용하고 적막한 곳보다는 약간의 소음이 있는 곳이 그림 그리기에 좀 더 몰두하도록 도와줍니다.

카페에서 그림을 그리다 보면 한 가지 신기한 점이 있습니다. 바로 옆 테이블의 이야기 소리가 너무나 잘 들린다는 점입니다. 일부러 듣기 위해 노력하는 것도 아닌데 그림을 그리다 보면 이상하게도 주변의 소리가 매우 잘 들리게 됩니다. 그림을 그리며 남들이 얘기하는 세상 사는 이야기를 듣는 재미도 쏠쏠합니다. 만약 혼자 그림 그리는 것이 뻘쭘하거나 아직 실력이 좋지 못한데, 그걸 타인이 보는 것 같아 부끄럽다면 가족이나 친구와 함께 가는 것도 좋습니다. 같이 그림을 그릴 수 있는 사람이면 더 좋고요.

거리

거리에서 그림을 그린다는 것은 정말 멋진 경험입니다. 항상 지나다니던 거리도 그림으로 표현하면 전혀 다른 공간처럼 느껴집니다. 집, 일터, 카페 등의 실내가 아닌 실외에서 그리는 야외 스케치는 실내와는 전혀 다른 난이도가 있습니다. 일단 처음에는 도대체 무엇부터 그려야 할지 막막할 수 있습니다. 이럴 때는 너무 큰 대상이 아닌 적당한 크기의 만만한 소재를 그리는 것이 좋습니다. 예를 들면 거리에서 볼 수 있는 소화전, 우체통, 신호등, 건물, 카페 입구, 창문 등입니다. 일단 너무 크지 않은 사물을 그리는 것부터 연습한 후에 그 사물의 주변 모습을 함께 스케치북에 담아보면 멋진 작품이 됩니다. 이때 중요한 것은 그림 소재가 되는 사물을 둘러싸고 있는 풍경을 함께 담아 보는 것입니다. 예를 들면 창가에 예쁜 소품이 있다면 소품과 함께 소품이 놓여있는 창도 조금 그려 넣는 방법입니다.

거리에서 그림을 그리다 보면 종종 사람들이 많은 관심

을 보이며 이야기를 걸어옵니다. 너무 겁낼 필요는 없고 그분들과 가벼운 대화를 나눠보세요. 절대 자신의 작품을 부끄럽게 생각할 필요는 없습니다. 말을 걸어오는 사람들은 거리에서 그림을 그리는 모습 자체가 굉장히 멋있고 부러운 일이라고 생각합니다. 저도 그림을 시작한 계기가 공항에서 그림을 그리던 어느 외국인이 너무 멋져 보였다는 것, 거기에서 출발했다는 것 기억하시죠? 거리에서 그림을 그리는 것 자체가 잘 그리고 못 그리고를 떠나서 누군가에게는 무척 부러운 일입니다.

야외에서 그릴 때는 접이식 작은 의자가 하나 있으면 매우 편리합니다. 그림 그릴 때뿐만 아니라 등산, 낚시, 피크닉 등에도 사용할 수 있으니 하나쯤 마련해 두면 좋습니다.

· · · ·
대중교통

움직이는 공간에서 그림을 그린다? 물론 쉽지 않은 선택이지만 한 번쯤 시도해 볼 만합니다. 제가 지금까지 시도해 본 대중교통 공간은 지하철, KTX, 택시, 마을버스, 고속버스, 비행기 등의 실내였습니다.

운 좋게 지하철에서 자리를 잡았다면 건너편에 앉은 승객들의 신발을 한번 그려보세요. 굉장히 즐거운 경험이 됩니다. 만일 움직임이 너무 심해 그리기가 쉽지 않다면 사진을 찍어서 나중에 그려 보는 것도 좋습니다. 그리고 실내 공간이 좁아 한 장의 사진으로 다 담을 수 없을 때가 있습니다. 이 경우에는 파노라마 기능을 이용해 사진을 찍거나 각도를 달리해서 여러 장을 찍어 두면 나중에 그림 그릴 때 좋은 참고가 됩니다. 다만 공공장소에서 사진을 찍을 땐 조심해야 합니다. 사람을 정면으로 놓고 찍다가는 자칫 나쁜 사람으로 오해받을 수 있습니다.

지금까지 제가 그림 그렸던 장소를 쭉 말씀드렸는데요, 다시 생각해보니 그림 그리기 좋은 장소가 따로 정해진 것은 아닌 것 같습니다. 그림을 그리고 싶은 마음과 약간의 도구만 준비되어 있다면 어느 곳이든 우리는 그 순간을 즐기며 그림을 그릴 수 있습니다. 그래서 장소가 마땅치 않아서 그림을 못 그린다는 것은 그저 핑계에 불과합니다.

제가 말씀드린 곳에서 그림 그리기가 여의치 않다면 여러분 스스로 다른 장소를 한번 찾아보세요. 어떻게 하면 매일 그림을 그릴 수 있는 공간을 만들 수 있는지 창의적으로 한번 생각해 보세요. 중요한 것은 그리고 싶은 간절한 마음이 있다면 분명 우리는 멋진 장소를 찾아낸다는 것입니다. 저는 해외 출장길에도 그림 도구를 챙겨갔던 기억이 있네요. (^^)

지금까지 소개해 드린 장소 외에 미처 소개하지 못한 곳이 딱 한 곳 있습니다. 바로 여행지입니다. 정말 많은 사람이 품고 있는 로망 중의 하나가 바로 여행 중에 자신이 본 풍경을 직접 그림으로 남기는 일입니다. 일부러 그림을 그리기 위해서 여행을 떠나기도 합니다. 이를 스케치 여행이라고 하죠? 스케치 여행에 대해서는 뒤에서 좀 더 자세히 설명드리겠습니다.

⑧

스케치 여행 도전하기

여름이 되면 뜨거워진 아스팔트 온도를 낮추는 단비처럼 소중하게 느껴지는 것이 있습니다. 그것은 바로 여름 휴가입니다. 저에게 2013년의 여름 휴가는 이전과는 매우 다른 특별한 휴가였습니다. 오래전부터 꿈꿔오던 '스케치 여행'을 처음으로 떠난 여름 휴가였습니다. 그 당시 저는 회사 생활을 하고 있던 직장인이었습니다. 안식 휴가와 여름 휴가를 붙여서 무려 3주간의 휴가 기간을 얻었습니다. 저는 휴가 기간 내내 '매일 그리기 여행'에 도전하기로 마음먹었습니다. 여행지에서 보고 만나는 것을 하루 한 장이상의 그림으로 남기는 것이 여행의 목표였습니다.

　제가 생각하는 진정한 여행은 사람이 많은 유명 관광지를 찾아다니며 인증하듯 기념사진을 남기는 것이 아니라 조금 적게 구경하더라도 천천히 보고, 깊이 음미하고, 의미 있는 것들을 그림으로 남기는 여행을 해보는 것이었습니다. 그런 의미에서 스케치 여행은 천천히 한곳에 머무르며 주변을 감상하고, 눈으로 본 것을 직접 손으로 표현하는 정말 멋진 여행법이라고 할 수 있습니다. 하지만 많은 분들이 스케치 여행을 떠나는 것은 전문가나 하는 일이라고 생각합니다. 그렇게 생각하는 이유는 스스로 뭔가 대단한 것을 기대하고 있기 때문일지도 모릅니다. 중요한 것은 남들이 인정해주는 대단한 그림이 아니라 자신의 여행 경험을 그림으로 남긴다는 행위 그 자체입니다. 그래서 그림을 그리겠다는 생각보다 여행을 기록한다 생각하면 좀 더 편하게 접근할 수 있습니다. 그러므로 그림 실력이 조금 부족해도 괜찮습니다. 나에게 의미 있는 장소를 내 손으로 직접 그려본다는 경험이 더 중요합니다. 약간의 용기만 있으면 됩니다. 저 역시도 부족했던 그림 실력이지만 3주간의 스케치 여행을 다녀와서는 그림 실력도 이전보다 훨씬 비약적으로 발전했답니다. 그러니 여러분도 '나는 그림을 못 그려'하고 지레 겁먹을 필요는 없습니다. 그림 그리기는 글씨를 쓸 수 있는 사람이라면 누구나 할 수 있는 일입니다. 다만 개인에 따라 실력 차이만 있을 뿐입니다. 여행 기간 내내 꾸준히 그림을 그려나간다면 여러분의 실력도 저처럼 껑충 늘어서 돌아올지도 모릅니다.

이제 구체적으로 스케치 여행을 위해 무엇을 준비하면 좋을지 알아보도록 하겠습니다. 여행 중에 그리는 그림은 크게 두 가지로 구분할 수 있습니다. 첫 번째는 여행지 현장의 주변 사물을 보고 그리는 그림입니다. 이 경우 시간이 많지 않으니 그림 도구가 번잡하지 않아야 합니다. 이를 위해서는 A5 정도 되는 크기의 딱딱한 표지의 스케치북이 좋습니다. 채색할 수 있는 시간이 거의 없으므로 한두 가지 굵기의 펜과 약간의 그림자 정도만 넣을 수 있는 회색 마커 정도면 충분합니다. 두 번째는 하루 여행을 마

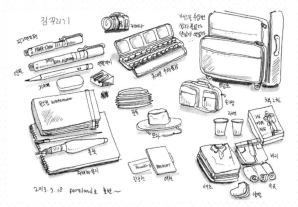

① 스케치 여행에 필요한 준비물을 하나씩 그려보았습니다.
② 숙소 그리기

치고 숙소로 돌아와서 그리는 그림입니다. 저는 그날 방문한 장소 중 마음에 드는 곳을 사진으로 찍어 놓고 저녁 식사 후 숙소로 돌아와 그림을 그렸는데, 그 시간이 무척 행복했습니다. 그날의 여행 피로가 풀리면서 하루의 경험이 천천히 저의 몸속으로 스며드는 기분이었습니다. 지금도 그때의 행복감이 몸속에 남아 있는 것 같습니다. 숙소에서 그림을 그리는 경우에는 반대로 시간적 여유가 있으므로 작은 휴대용 수채 물감을 이용해 채색까지 해봐도 좋습니다. 종이는 A4 크기의 수채화 전용지(300g)를 사용하면 좋습니다.

스케치 여행에 도전하겠다는 굳은 마음과 도구가 준비되었다면 여행 중에 만나는 모든 것이 그리기의 소재가 됩니다. 다시 한번 더 말씀드리지만, 중요한 것은 잘 그리겠다는 마음보다 작고 간단한 것이라도 내게 의미 있는 것들을 여행 기간 내내 꾸준히 그려보겠다는 마음입니다. 지금부터는 제가 여행을 하며 그렸던 소재들을 하나씩 소개해보겠습니다. 저의 설명을 참고한다면 여러분도 그림 그리기 소재를 찾는 일이 어렵게 느껴지지 않을 것입니다.

맨 먼저 공항에서 내가 타고 갈 비행기를 한번 그려보는 것입니다. 국내선의 경우 30분에서 한 시간, 국제선의 경우 한두 시간의 탑승 대기 시간이 있습니다. 큰 짐은 먼저 보내고, 작은 스케치북과 펜은 손가방에 남겨 둡니다. 그리고 출발 게이트 근처에서 창밖에 있는 내가 타고 갈 비행기를 그립니다. 저는 환승하는 시간에도 놓치지 않고 그림을 그렸습니다.

다음은 비행기 안의 다양한 사물을 그려보는 것입니다. 물론 흔들리는 비행기 안에서 그림을 그리는 일이 쉬운 일은 아니지만 한번 도전해 볼 만합니다. 자신이 앉아있는 좌석 주변의 모습과 기내식을 그려보는 것도 즐겁습니다. 배가 너무 고파 다 그릴 때까지 참을 수 없다면 기내식 사진을 찍어 놓고 식사를 다 끝낸 후에 그리면 됩니다. 비행기가 흔들려 그림을 그릴 때 멀미가 나는 것 같다면 잠시 쉬었다가 시원한 물 한 잔을 마시고 다시 도전해 보면 됩니다. 비행기 안에서 그림을 그리고 있으면, 지나가던 승무원이 밝은 표정으로 "와~ 그림을 그리시네요. 멋져요"라고 이야기해주는 경우가 있습니다. 정말 으쓱해집니다. (^^)

다음은 내가 묵는 숙소를 그리는 것입니다. 여러분이 어느 곳을 여행하든 숙소가 있습니다. 여행 중에 자신이 머무는 숙소를 그려보는 것도 무척 의미 있는 그림이 됩니다. 내가 묵었던 방을 그려도 좋습니다. 나중에 여행을 떠올리고 기억하는 소중한 도구가 됩니다. 특히 일반 호텔 방이 아니라 여행지의 문화가 담긴 민박집 같은 곳이라면 더더욱 좋은 기억으로 남게 됩니다. 숙소나 방이 어렵다면 숙소에서 만날 수 있는 독특하고 재미있는 소품을 몇 개 그려 보는 것도 좋습니다. 커피잔도 있고 치약 칫솔도 있습니다. 그런 걸 하나씩 그려보는 것입니다.

다음은 교통수단을 그려보는 것입니다. 여행할 때 이동하는 일은 절대 빠지지 않습니다. 직접 운전을 하는 경우도 있고, 버스나 택시 배 같은 것을 이용할 수도 있고, 여행지 안에서 이동하는 작은 기차나 이동수단 같은 것들도 있습니다. 평소에 보지 못한 탈것이나 그곳에만 있는 독특한 탈것을 그려보면 더욱 의미가 있겠지요. 혹시 이동 중 대기 시간이 많거나 날씨로 인해 이동이 취소되거나 할 때면 그림을 그릴 수 있는 더없이 좋을 기회가 왔다고 생각하고 그림에 몰두해보세요. 날씨 탓을 하지 않아도 되고 날씨에 굴하지 않는 여행이 됩니다.

다음은 티켓 그리기입니다. 여행을 하다보면 지갑과 주머니 속에서 다양한 티켓과 영수증 등이 쌓이게 됩니다. 대부분 큰 관심을 갖지 않고 주머니에 넣어 두었다가 숙소로 돌아와서 버립니다. 혹시 여행 중에 모은 티켓과 영수증을 유심히 본 적 있나요? 의외로 개성과 특징이 잘 묻어나는 멋진 티켓들이 많이 있습니다. 이제부터는 이런 작은 종이 쪼가리들도 그리기의 대상이 됩니다. 생각보다 어렵지 않습니다. 간단해 보이는 것부터 도전해 보세요.

다음은 기억하고 싶은 여행지 풍경을 그리는 것입니다. 다들 가장 많이 그리고 싶어하는 그림입니다. 자신이 방문한 곳 중 기억에 남기고 싶은 풍경이 있다면 대부분 사람들은 사진을 찍습니다. 그런데 아이러니하게도 사진을 열심히 찍을수록 우리의 머리와 가슴 속에는 남는 게 그다지 많지 않습니다. 그런데 직접 그림을 그리게 되면 정말 오랜 시간 동안 기억 속에 남아 있게 됩니다. 현장에서 그림 그리기가 어렵다면 꼭 사진을 찍어 둔 다음 숙소로 돌아가서 찍어둔 사진을 보면서 그림을 그려보세요.

이제 여행의 후반부입니다. 여행의 후반부에 접어들면 집에 있는 가족이나 친구를 위해 혹은 자신을 위해 챙겨둔 기념품 같은 것들이 조금씩 늘어나기 시작합니다. 이번에는 자신이 모은 기념품들을 하나씩 그려 보는 것입니다. 미처 발견하지 못했던 특징과 함께 기념품마다 여행의 추억을 새길 수 있습니다. 그리고 돌아가서 선물을 줄 상대에게 직접 그린 그림과 기념품을 함께 준다면 더욱 의미가 깊어집니다. 나중에 시간이 한참 흐른 뒤 여행지에서 샀던 기념품이나 선물을 버려야 할 때도 있습니다. 그림을 그려 두었다면 그걸 버릴 때도 주저하지 않게 됩니다. 언제나 그림만 꺼내 봐도 그때의 기억이 새록새록 떠오르기 때문입니다. 확실히 사진과는 다릅니다.

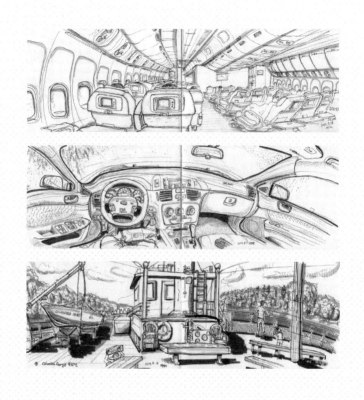

비행기, 자동차, 배에서 그리기

지금까지 여행지에서 그림 그리는 방법과 무엇을 그리면 좋을지에 관해 설명해 드렸습니다. 저는 이제 그림 그리기 여행을 통해서 좀 더 의미 있는 발견을 하게 되었던 제 얘기를 하고자 합니다. 여행지에서 그림을 그리고 있으면 현지인이든 같은 여행객이든 대부분은 큰 관심 없이 그냥 지나칩니다. 하지만 어떤 분들은 꽤 깊은 호기심을 가지고서 이것저것 물어보는 경우가 있습니다. 그런 분들과 대화를 나누다 보면 여행지에서 예술을 사랑하는 현지인 친구를 만날 수도 있고, 기분 좋은 선물을 받을 수도 있습니다.

한번은 이런 일이 있었습니다. 미국 포틀랜드를 여행할 때의 일입니다. 숙소 가까운 곳에 컬럼비아 강이 내려다보이는 크라운 포인트라는 곳이 있었습니다. 그날은 날씨가 무척이나 좋았습니다. 저는 얼른 아침을 챙겨 먹고 스케치북을 들고 강가로 나가 한 시간 정도 스케치를 했습니다. 원래는 채색까지 하려고 했지만 다른 일정이 있어서 그림을 완성하지는 못했습니다. 아쉬운 마음을 접고 내일 다

티켓과 여행의 추억이 담긴 기념품 그리기

시 나오리라 생각했습니다. 그런데 이튿날은 어제만큼 날씨가 좋지 못했습니다. 날이 많이 흐려져 멀리까지 내다볼 수가 없었습니다. 그래도 전날 스케치는 어느 정도 해두었기에 그 위에 채색을 입히는 작업을 열심히 했습니다. 그렇게 한참을 작업에 몰두하고 있는데, 웬 나이 지긋한 할머니 한 분이 나타나더니 제 그림을 골똘히 쳐다보시는 것이었습니다. 그러더니 저에게 말을 거셨습니다.

"내 눈에는 저 멀리 강 너머의 풍경이 거의 보이지 않는데, 당신은 어떻게 저 먼 곳까지 세밀하게 보고 그림을 그릴 수 있나요?" 전날 그려둔 세밀한 풍경을 보더니 할머니는 뭔가 이상하다는 생각을 하신 것 같았습니다. 저는 사실은 어제 미리 스케치를 해두었고 오늘은 채색만 하고 있다고 말씀을 드렸습니다. 그랬더니 할머니는 그제야 의문이 풀렸다는 듯 큰 소리로 웃으셨습니다. 그리고는 본인이 직접 땄다는 블루베리와 체리를 저에게 먹어보라고 권하고는 그 자리를 떠났습니다. 그때 저에게 과일을 건네주면서 '특별한 예술가를 위한 작은 선물'이라고 하셨습니

제가 그린 크라운 포인트 풍경

다. 그 순간만큼은 예술을 사랑하는 어느 분으로부터 감히 '특별한 예술가'라는 칭호를 얻게 된 것입니다. 정말 잊을 수 없는 추억입니다.

그림을 그리는 행위는 우리에게 예기치 못한 선물을 가져다줍니다. 저는 조금은 느린 여행이 그런 선물을 받을 기회를 넓혀 준다고 생각합니다. 해외여행을 하다 보면 짧은 시간 안에 많은 것을 보고 오겠다는 욕심으로 주요 관광지 중심으로 좌표 찍듯 인증하고 돌아오는 경우가 있습니다. 물론 이런 여행도 나쁜 것은 아닙니다. 하지만 천천히 하는 여행이 많은 곳을 보고 느끼는 감동보다 더 깊은 감동을 가져다줍니다. 저는 스케치 여행을 시작하고서부터는 천천히 하는 여행을 배웠습니다.

바쁜 일정으로 여행을 빡빡하게 하다보면 마치 일을 하다가 돌아온 것 같은 기분이 들 때가 있습니다. 심지어는 여행지에서 찍은 사진 속 내 모습이 낯설게 느껴지기도 합니다. 하지만 느린 여행을 하게 되면 더 적게 경험하지만 감동은 더 오랫동안 내 몸속에 남아 있습니다. 여행지에서 그리는 그림은 저에게 그런 역할을 하기에 충분한 경험입니다. 일상으로 복귀한 후에도 여행에서 그렸던 스케치북을 펼치기만 하면 언제든 그림을 그리던 그 장소로 순간 이동을 합니다. 바람이며, 냄새며, 소리며, 모든 것이 그림 속에 차곡차곡 기억되어 있음을 느낍니다. 버튼 한 번으로 저장하는 사진과는 다른 깊은 기억을 선사합니다. 더 오랜 시간을 그 장소에서 머물며 사물 하나, 풍경 하나 놓치지 않고 내 손으로 표현해내려고 오감을 동원했기 때문인 것 같습니다.

그리고 마지막으로 덧붙이고 싶은 얘기는 여행지에서의 그림 그리기가 함께 여행을 떠난 주변 사람들에게도 긍정적인 영향을 줄 수 있다는 사실입니다. 그림에 대한 막연한 두려움으로 시도조차 하지 못했던 사람들이 저를 보고서는 자신들도 새롭게 그림 그리기에 도전하고는 했습니다. 저는 그런 모습을 보면서 새로운 일상 예술가의 탄생을 진심으로 축하해 주었습니다. 여러분도 할 수 있습니다. 스케치 여행에 도전하는 모든 일상 예술가를 응원합니다.

⑨

아날로그를 넘어 디지털로

꾸준하게 그림을 그리며 지금까지 제가 거쳐 온 과정을 가만히 생각해 보니, 다양한 재료와 다양한 방식을 사용하면서 그림에 대한 이해나 그림 그리기 스킬을 조금씩 발전시켜 온 것을 알게 되었습니다. 누군가로부터 배웠다기보다는 이런저런 방식으로 그림 그리기를 시도해보고, 인터넷으로 정보를 찾고, 그러면서 저만의 그림 기법을 만들어 왔다고 할 수 있습니다. 이건 정통적인 그림 그리기 방법과는 다를 수 있습니다(혹시나 그런 걸 기대하고 이 책을 사신 분들이라면 정말 죄송합니다). 제가 공대 출신이고 프로

그래머라는 직업을 가졌던 터라 디지털 시대에 걸맞은 새로운 그리기 방식에 관심이 많아서, 자연스럽게 전통적인 그림 그리기 대신 다른 방식으로 저만의 그림 기법이 만들어졌습니다.

이번에는 그동안 제가 그림 공부를 해오는 과정에서 만난 여러 가지 그림 도구들을 하나씩 설명해 드리도록 하겠습니다. 그래서 제목이 아날로그를 넘어 디지털입니다. 제목에서 이미 예상하셨겠지만 저는 펜, 붓과 같은 아날로그 도구에서 PC를 활용한 디지털 프로그램까지 저에게 맞는 그림 도구들을 계속해서 확장해서 사용하고 있습니다. 지금도 새로운 도구가 나온다면 끊임없이 테스트를 해보고 있고요.

펜

그림을 처음 시작하며 잡은 그림 도구입니다. 앞에서도 자세히 설명해 드렸습니다. 오직 검정 펜 한 자루와 손바닥 크기의 스케치북을 준비해 비교적 간단한 일러스트 책을 전부 따라 그리거나 주변의 사물을 직접 보고 그렸습니다. 명암, 색상, 질감 등을 신경 쓰지 않고 오직 형태만을 표현하며 매일 연습했습니다. 그리기를 습관으로 만드는 단계이기도 했습니다. 이때 사물을 예리하게 관찰하는 능력, 각 사물이 가진 형태적 특징을 재빨리 잡아내는 능력이 길러졌습니다.

색연필

검정 단색에서 벗어나 색상이 주는 아름다움과 즐거움을 알게 되었습니다. 어릴 적부터 사용해온 쉽고 익숙한 재료였기에 좌절하지 않고 그리기의 즐거움을 만끽했습니다. 색연필의 특징을 잘 이해하게 되면서 부터는 겹쳐 칠하기, 지우기 등 다양한 기법을 시도해 볼 수 있었습니다. 그러나 작업 시간이 오래 걸리고 큰 작품을 그리기에는 힘이 들었습니다.

붓

가장 오랜 시간 즐겨왔고 또 앞으로도 계속 그림을 즐길 수 있는 것 중의 하나가 붓을 이용해 그리는 수채화입니다. 저에게는 평생을 함께 할 수 있는 그림입니다. 물, 종이, 물감의 특징을 파악하는데 상당한 시간과 노력이 필요했지만 일단 익숙해지고 나면 정말 재미있게 그림을 그릴 수 있는 것이 수채화입니다. 저는 주로 물에 번지지 않는 피그먼트 펜으로 형태를 그리고 나서 그 안을 수채 물감으로 채색하는 방식을 좋아했습니다. 이런 방식으로 도시와 거리, 관광지, 아름다운 건축물 등을 그리는 것이 너무 즐거운 일이었습니다.

아날로그 방식의 그림 그리기에 대해서 말씀드렸습니다. 많은 분들이 그렇겠지만 그림 그리기를 마음먹고서는 가장 전통적인 방법에서부터 시작했습니다. 종이 위에 직접 작업을 하며 그림의 매력을 흠뻑 느끼다가 우연히 업무를 위해 아이패드 프로와 애플 펜슬을 접하게 되면서 저의 그림은 디지털 도구라는 새로운 전환기를 맞이하게 됩니다.

오토데스크 스케치북

모니터 액정과 같은 2차원의 평면에 표현되는 점을 픽셀 또는 비트맵이라고 합니다. 픽셀이 모여서 선이 되고, 다시 선이 모여서 면이 되고 그러면서 색상을 표현할 수 있게 됩니다. 제가 아이패드 프로를 이용해 그림 그리기를 시작할 때 사용한 앱은 비트맵 방식의 스케치북이라는 프로그램이었습니다. 복잡한 기능은 없고 꼭 필요한 필수적인 기능들만 잘 갖춰져 있습니다. 그리고 결정적으로 무료로 쓸 수 있는 아주 고마운 프로그램이기도 합니다. 덕분에 아이패드로 그림 그리기 재미에 빠져들게 되었습니다. (sketchbook.com)

어피니티 디자이너

픽셀을 기반으로 하는 비트맵 프로그램의 단점은 해상도가 낮은 이미지를 확대하면 굵은 픽셀들이 보여 이미지 품질이 떨어진다는 한계를 가지고 있습니다. 이러한 문제를 해결한 것이 벡터 방식의 프로그램입니다. 벡터 방식의 프로그램은 점과 선의 위치, 기울기, 방향 등을 가지고서 이미지를 표현합니다. 무한히 확대해도 이미지가 깨끗하게 보인다는 장점이 있습니다. 하지만 난도가 높아 쉽게 사용하기 힘들고 보통은 전문적인 디자이너들이 주로 사용합니다. 그러다 우연한 기회에 어피니티 디자이너라는 프로그램을 알게 되었습니다. 이 프로그램은 초보자들도 쉽게 벡터 그래픽에 입문하는 것을 도와줍니다. 특히 유튜브에 이 프로그램 이용법을 가르쳐주는 영상들이 많습니다. 그 덕분에 전문 디자이너가 아닌 제가 벡터 방식으로 그림 그리기를 해볼 수 있게 되었습니다. (affinity.serif.com)

블렌더

마지막으로 소개할 디지털 도구는 블렌더라는 프로그램입니다. 벡터 기반의 어피니티 디자이너를 이용해 소소한 작업을 하던 중 저는 글자를 입체적인 모습으로 만들어 보고 싶다는 생각을 했습니다. 그래서 인터넷에서 찾은 다양한 자료를 따라 하면서 나름대로 열심히 글자를 완성해 보긴 했는데, 2차원 벡터 프로그램을 이용해서 3차원 이미지를 표현하는 것에는 확실히 한계가 있었습니다. 그래서 3차원 표현이 가능한 프로그램을 찾아보았는데 그것이 바로 블렌더입니다. 이미 많은 분들이 이 프로그램을 써서 자신이 표현하고자 하는 것을 구현하고 있으며 이 제품 역시 결정적으로 유튜브에 수천 개의 튜토리얼 영상을 제공하고 있어서 초보들이 사용하기에 정말 좋습니다. 저는 요즘 이 블렌더를 이용한 캐릭터 모델링 재미에 빠져 있습니다. 조금만 더 연습해서 애니메이션까지도 도전해 볼 생각입니다. (blender.org)

지금까지 제가 여러 가지 그림 도구를 활용해 오면서 그림을 그려온 과정, 일종의 저의 그림 역사를 말씀드렸습니다. 아날로그와 디지털 도구를 모두 사용해본 경험으로 말씀드리면 이 두 가지 도구들은 전혀 다른 것이 아니라 마치 동전의 양면처럼 함께 공존하며 그림 그리기에 도움을 주고받을 수 있는 도구라는 것입니다. 예를 들어, 종이에 아름다운 채색을 한 멋진 그림들이 아날로그 형태로 존재할 때는 오직 이 작품과 같은 공간에 있는 사람들만이 아름다움을 느낄 수 있지만, 이 작품을 스캔해서 이미지 파일로 만든다면 홈페이지, 블로그, SNS, 메신저 등을 통해 더 많은 사람들과 공유하고 함께 나눌 수 있습니다. 반대로 아이패드를 이용해 그린 작품을 단지 하나의 디지털 파일로만 간직하고 있다면 아무 소용이 없겠지만, 이것을 엽서로 만들거나 에코백에 인쇄하고 티셔츠 디자인으로 활용한다면 더이상 디지털 공간의 파일이 아니라 실제 우리와 함께 할 수 있는 아날로그 존재로 바뀝니다.

　저는 이렇게 아날로그 영역에서 디지털 영역으로 그림

그리기 방법을 확장하면서 전문 작가는 아니지만 독자적으로 저만의 그림 영역을 만들어왔습니다. 그러면서 여러 가지 좋은 기회를 많이 얻게 되었는데요. 우선 초등 교과 전과정을 비주얼씽킹과 마인드맵으로 정리하는 온라인 과정의 일러스트를 그리게 되었습니다. (비주얼씽킹에 대해서는 뒤쪽에서 상세하게 설명드리겠습니다.) 그리고 온라인 사이트인 클래스101에서 제 강의를 열기도 했습니다. '디지털 비주얼씽킹'이라는 강좌입니다. 여기에 한 발 더 나아가 최근에는 그림 초보들이 디지털 도구만을 이용해 그림 그리기를 해볼 수 있는 『똥손 탈출 100일 100드로잉』책도 출간했습니다. 또한 컴퓨터 전문 서적에 200장이 넘는 일러스트를 그리기도 했습니다. 이 모든 것이 놀랍게도 제가 아날로그 도구에서 디지털 도구로 그림 그리기를 확장하면서 1년 안에 생긴 일입니다. 그림의 예술적 가치보다 실용적 가치를 우선시하는 저의 그림 스타일이 그동안 생각하지 못했던 풍성한 결과물을 만들어 낸 것입니다. 결과적으로 디지털 도구를 활용한 그림 그리기는 취미로 머물러

있던 그림 그리기를 새로운 수입원으로 만들어주는 경제 활동이 되었습니다.

디지털 그림 그리기를 시작하고서부터는 다양한 그림 아이디어가 폭발하기 시작했는데, 저는 이를 '창의력 폭발'이라고 생각합니다. 창의력은 문제를 해결하는 능력입니다. 예를 들면, 아날로그와 디지털의 경계를 넘나들며 그림을 그리고서부터는 아날로그로 그림을 그리다 생기는 약간의 실수도 별도로 스캔한 후 포토샵과 같은 이미지 리터칭 프로그램을 이용해 보정을 하는 것이 가능해졌습니다. 또 디지털 프로그램에서는 수백 가지에 가까운 재료와 도구를 제공하다 보니 그동안 하지 못했던 새로운 스타일의 그림도 많이 시도해볼 수 있었습니다. 물론 무조건 도구가 많다고 해서 표현 방법이 느는 것은 아닙니다. 하지만 어떤 도구든 손에 익숙해지고 나면 그동안 해보지 않았던 표현을 시도해보고, 그러면서 자연스레 새로운 그림 기법을 만들게 됩니다. 이외에도 디지털 이미지를 실사로 출력해서 아날로그 제품과 결합하는 새로운 시도도 해보았습니다. 이런 것도 새로운 접근 방법이라 할 수 있습니다. 이는 디지털 기술이 아무리 발달해도 아이패드의 유리 액정 위에 그리는 것보다는 300g 수채화 전용지에 그리는 것이 훨씬 재미있다는 사실에 대한 위안이기도 합니다. 중요한 것은 어느 한쪽만 고집하는 것이 아니라 필요에 따라 다양한 선택을 할 수 있다는 것이고, 아날로그 디지털 모두를 다룰 수 있게 되면 그림 그리기의 새로운 영역을 스스로 개척할 수 있게 된다는 것입니다. '개척'이라고 표현하긴 했지만 사실 그림 그리기에 대한 새로운 쓸모의 발견이라고 할 수 있습니다. 이렇게 아날로그로 시작해서 디지털로 넘어갈 수 있는 기회를 얻게 된 것이 저에게는 무척 큰 행운이었습니다.

쉽게 접해볼 수 없었던 수많은 재료와 다양한 도구를 저는 디지털을 통해 마음껏 사용해 보고 시도해 보고 있습니다. 디지털과 아날로그 어느 한쪽만 고집할 필요는 없는 것 같습니다. 이제는 누구나 약간의 노력만으로도 큰 비용 없이 그림을 배울 수 있고 그림을 그릴 수 있는 시대가 되었습니다. 유튜브의 수많은 영상들이 여러분을 도와주기 위해 기다리고 있습니다. 어서 빨리 시작해보세요.

⑩

도전! 셀프 개인전 열기

저에게는 30년이라는 긴 시간을 필요로 하는 꿈이 하나 있습니다. 그것은 바로 일 년에 한 번씩, 평생 서른 번의 개인전을 여는 것입니다. 지금까지 총 일곱 번의 개인전을 열었으니 이제 23% 정도로 꿈을 이루었다고 할 수 있겠네요.

취미로 시작한 그림 그리기를 1년 정도 꾸준히 하다 보면 꽤 많은 작품이 탄생합니다. 예를 들어 매주 한 작품씩 완성하게 되면 연간 48개의 작품, 그림 하나에 2주 정도의 시간을 들여 느긋하게 그린다 하더라도 1년이면 24개의 작품을 완성하게 됩니다. 저는 해마다 24점 내외의 그림을 완성해서 개인전을 열었습니다. 이번 글에서는 자신의 창작물을 지인들과 함께 감상할 수 있는 셀프 전시회를 여는 방법에 대해 알려드리고자 합니다. 벌써 전시회라니, 너무 진도가 빠른가요? 하지만 전시회는 꼭 작가들만 여는 건 아니랍니다.(^^)

개인전은 자신의 작품을 친구나 지인 등 많은 사람들에게 보여주기 위한 행사라 할 수 있습니다. 또한 창작 활동을 계속할 수 있는 계기를 마련해 주는 원동력이기도 합니다. 그러나 놀랍게도 미술을 전공한 사람들조차도 개인전 열기를 어렵게만 생각합니다. 그러나 지금까지 제가 해왔던 방법을 잘 활용한다면 누구나 멋진 개인전을 직접 준비할 수 있습니다.

직접 준비하는 셀프 개인전을 여는 가장 큰 이유는 비용 때문입니다. 교통이 편리하고 화려한 건물들이 가득한 도시 한복판에서 전시회를 개최하려면 우리의 상상을 초월하는 비용이 듭니다. 물론 경제적 여유가 있다면 전문가의 도움을 받아 멋진 장소, 화려한 오프닝 파티와 음식, 기념품과 홍보 자료 등을 준비할 수 있겠지만, 전문 작가가 아니고서 취미로 그림을 그리는 입장에서 몇백만 원 하는 비용을 마련해서 전시회를 연다는 것은 매우 어려운 일입니다. 그런데 셀프 전시회는 이 모든 준비를 직접 하면서도 비용을 최소화 할 수 있는 방법입니다.

셀프 전시회를 위해서는 최소 두 달, 넉넉하게는 석 달 정도의 준비 기간이 필요합니다. 시간이 넉넉할수록 꼼꼼하게 준비할 수 있으니 미리미리 계획을 짜놓는 것이 좋습니다. 물론 한번 해보고 나면 그다음부터 훨씬 수월해집니다. 디데이를 기준으로 어떤 준비들을 해야 하는지 하나씩 설명해 드리겠습니다.

D-90 장소 결정하기

셀프 전시회를 위해 제일 먼저 해야 할 일은 적당한 전시장을 찾아보고 예약하는 것입니다. 전시장의 조건은 다음과 같습니다.

* 조명: 작품을 개별적으로 비출 수 있는 충분한 수의 조명이 준비되어 있는지

* 벽의 형태: 못을 박아서 액자를 거는지, 레일과 와이어를 이용해 거는지, 이젤을 사용해 세워 놓는지

* 전시장 규모: 전체 벽면의 길이와 높이를 파악해 자신의 작품을 몇 개나 걸 수 있는지(작품 간격이 너무 좁으면 전시가 답답하게 느껴지고 반대로 공간이 넓으면 썰렁하게 느껴집니다.)

* 교통: 대중교통으로 접근이 쉬운 곳인지

* 비용: 무료 혹은 약간의 대관료만 받는 곳인지

꼭 기억하세요. 교통이 편하고, 시설이 좋고, 공짜이거나 저렴한 전시장은 찾기가 매우 힘듭니다. 찾더라도 이미 예약이 되어 있을 확률이 높습니다. 그리고 꼭 전문 전시장이 아니더라도 카페, 지역 공공 도서관, 지하철 역사 등에서도 전시할 수 있으니 그런 곳을 찾아보셔도 좋습니다. 검색 사이트에서 '전시장 무료 대관'으로 검색하면 원하는 지역의 무료 전시장을 찾을 수 있습니다. 자주 방문하

는 단골 카페를 이용하는 것도 방법이고요. 최근에는 공공
시설을 대여해주고 전시를 열 수 있게 도와주는 서비스도
있습니다. 저렴하고 시설이 좋은 곳은 인기가 많으니 예약
을 서두르는 것이 좋습니다.

D-60 소셜펀딩으로 후원받기

셀프 전시회 역시 적지 않은 비용이 들어가는 행사입니
다. 만일 예산이 부족하다면 온라인을 통해 후원을 받는
것도 좋습니다. 필요한 모든 비용을 후원받으면 좋겠지만
쉬운 일은 아닐테니 제 생각에는 50% 정도 후원을 받고,
나머지 50%는 자비로 충당하는 게 좋겠다는 생각입니다.

저는 첫 번째 개인전을 후원 사이트인 텀블벅을 통해
진행했습니다. 텀블벅은 예술, 전시, 독립 출판 등 창작자
에 특화된 소셜 펀딩 사이트입니다. 소셜 펀딩은 목표 금
액과 기간을 정하고 후원을 받습니다. 후원 금액을 다르게
설정하고 금액에 따른 다양한 리워드(일종의 굿즈)를 준비

합니다. 예를 들어 5천 원을 후원하면 엽서, 1만 원을 후원하면 작품집, 2만을 후원하면 엽서+작품집+포스터, 3만 원을 후원하면 아트 프린트 티셔츠 이런 방식입니다. 정해진 기간동안 목표하는 후원 금액에 도달하면 약간의 수수료를 제외하고 후원금이 지급됩니다. 수수료가 얼마 정도 나올지 미리 확인하고 펀딩을 시작하세요.

D-30 작품 완성하기

전시장을 예약했다면 이제 전시할 작품을 완성해야 합니다. 전시장의 규모와 작품의 크기에 따라 필요한 작품 수를 산정합니다. 적어도 전시 한 달 전에는 전시할 작품을 완성해야 엽서, 도록 등의 제작에 문제가 없습니다.

작품이 전부 준비되면 하나씩 스캔하거나 촬영을 합니다. 가정용 스캐너는 대부분 A4까지 스캔이 가능하니 작품의 크기가 더 크다면 문방구에서 파는 폼 보드를 이용해 미니 스튜디오를 만들어서 촬영하는 것이 좋습니다. 전문적인 작품 촬영 서비스를 이용하면 비용이 많이 들게 되니 가급적이면 직접 촬영하는 게 좋습니다. 스캔 된 작품 이미지는 다양하게 활용될 수 있으니 해상도는 300DPI 이상으로 설정해서 스캔합니다.

D-20 액자 제작하기

　당연한 이야기이겠지만 멋지고 아름다운 액자는 작품을 더욱 빛나게 만들어줍니다. 액자는 작가의 취향에 따라 결정되지만 비교적 크기가 작은 수채화들은 작고 소박한 액자가 어울립니다. 액자 가격은 크기에 따라 다르며 미송(소나무)으로 제작할 경우 A4 크기 기준으로 개당 3만 원 전후를 합니다. 제작 기간은 약 1주일 정도면 되고요. 혹시 액자 제작 비용을 절약하고 싶다면 대형 마트에서 액자를 사는 것도 방법입니다. 물론 전문가가 수작업으로 제작하는 것보다는 저렴한 느낌이 들겠죠.

D-10 도록과 엽서 만들기

　꼭 필요한 것은 아니지만, 도록과 엽서를 제작하면 좋은 추억으로 남길 수 있는 기념품이 됩니다. 그리고 지인들에게 선물하거나 전시장에서 판매하는 것도 가능합니다. 출력을 위해 편집한 최종 결과물은 PDF 파일로 만듭니다. 가격은 종이 종류, 크기, 제본 형태, 수량 등에 따라 크게 달라집니다. 검색 사이트에서 '소량 인쇄'를 쳐보면 수많은 출력 업체들을 만나 볼 수 있습니다. 가까운 출력 업체를 직접 방문해 종이와 제작 형태를 선택하는 것이 좋습니다. 참고로 제가 만든 도록과 엽서의 규격은 아래와 같습니다.

　*도록

　- 크기 : 22 x 21cm, 32페이지

　- 표지 : 210g 랑데뷰 용지, 무광 코팅

　- 내지 : 130g 랑데뷰 용지

　- 제본 : 무선 제본

* 엽서

– 크기 : 14.8×10cm

– 종이 : 320g 르누아르 네추럴 화이트

도록과 엽서를 편집할 때는 전문적인 출판 편집 프로그램이 필요합니다. 저는 어피니티 퍼블리셔라는 프로그램을 사용했습니다. 유튜브를 뒤져보면 이 프로그램을 활용하는 영상들이 있어 이것만 참고해도 누구나 쉽게 엽서, 도록, 포스터 등을 만들 수 있습니다. PDF 파일이 완성되었으면 이제 출력을 해야 하는데, 저는 주로 온라인 사이트를 이용합니다. 제가 자주 이용하는 사이트입니다.

* 성원애드피아 swadpia.co.kr

* 오프린트미 ohprint.me

제작 수량이 많은 경우에는 성원애드피아를, 제작 수량이 적고 고품질의 인쇄물이 필요한 경우에는 가격이 좀 더 비싸지만 오프린트미를 이용합니다. 엽서 등이 완성되면 비닐 포장을 하는 것이 좋겠죠. 비닐 포장지는 인터넷 쇼핑몰에서 'OPP 봉투'를 검색하면 크기별로 다양하게 구할 수 있습니다.

·········
D-7 오프닝 파티와 음식 준비

전시 첫날에 간단한 오프닝 파티를 열어 가족과 지인들을 초대해 음식을 나눠 먹으면 좋습니다. 오프닝 파티를 위한 다과는 기호와 예산에 맞춰 떡, 케이크, 차, 음료 등을 준비하면 됩니다. 예산이 충분하면 케이터링 서비스를 이용하면 좋겠지만 직접 소박하게 준비하는 것도 충분히 의미가 있습니다.

·········
D-1 작품 설치하기

전시회 하루 전날입니다. 완성된 액자는 전날 전시장으로 배송을 해둡니다. 배송된 액자를 하나씩 벽에 걸고 조명을 맞추고 작품마다 이름표를 붙여 줍니다. 혼자 하기에는 생각보다 힘이 들 수 있으니 친한 사람의 도움을 받아서 진행하세요. 작품 이름표를 벽에 붙일 때는 벽이 상하지 않도록 테이프 대신 흰색 껌처럼 생긴 조각 접착제를 사용합니다. 이 접착제는 몇 번이고 재사용이 가능합니다.

그리고 전시장을 방문하신 분들이 소감을 남길 수 있도록 방명록과 펜을 준비하는 것도 잊지 마세요. 나중에 방명록을 보면 누가 다녀갔는지 어떤 이야기를 남겼는지 알 수 있답니다. 셀프 전시회를 여는 것은 힘든 과정이었지만 방명록 메시지가 그간의 모든 수고를 잊어버리게 만들어 줍니다. 전시회가 끝난 다음 방명록의 각 페이지를 사진으로 촬영해 두는 것도 잊지 마시고요.

D-Day 전시 오프닝

드디어 전시회가 시작되는 날입니다. 전시장이 썰렁하지 않도록 미리 가족들과 친구들을 초청하세요. 가족 단위로, 친구들과 함께 오시는 분들이 많을수록 즐거워집니다. SNS를 이용해 홍보하는 것도 좋고요. 멀리서 오시는 분들을 위해 작은 선물을 준비해 두는 것도 좋습니다. 혹시 지인이나 가족 중에 연주나 노래를 해 줄 수 있는 사람이 있다면 오프닝 행사에 잠깐 연주 시간을 넣어도 좋습니다. 오프닝에 어울리는 멋진 연주나 노래가 있다면 정말 분위기가 좋아집니다. 그리고 전시장에 빔프로젝터를 사용할 수 있다면 그동안의 작업 과정을 담은 사진을 슬라이드쇼로 보여주는 것도 좋습니다.

자신의 작품을 가족, 친구, 지인들과 함께 볼 수 있다는 것은 굉장히 설레며 즐거운 일입니다. 마치 아이가 태어나고 일 년간 무탈하게 잘 키운 다음, 아이의 돌잔치를 여는 기분입니다. 이것저것 신경 써야 할 것은 많지만, 점검 목록을 만들어 하나씩 체크해 가면서 즐거운 마음으로 준비합니다. 즐겁기 위해 준비하는 이벤트인데, 괴롭고 힘든 일이 되면 안 되니까요. 그림을 그리는 사람이라면 꼭 한 번 도전해보세요.

ⓛⓛ

초보자를 위한 미술 작품 감상법

그림 그리기를 취미로 가지게 되면 자신의 그림뿐만 아니라 다른 사람의 작품에도 많은 관심이 생기게 됩니다. 아마도 세상에서 다른 사람의 그림을 가장 열심히 보는 사람은 스스로 그림을 그리는 사람일 것입니다. 마치 소설을 가장 열심히 읽는 사람이 소설가인 것처럼 말이죠. 이번 글에서는 전시회를 여는 작가 입장에서 그리고 다른 작가의 전시회를 구경하는 관람객 입장에서 몇 년간의 경험을 통해 알게 된 것들을 소개하고자 합니다.

당연한 말이겠지만 모든 미술 작품은 원화를 보는 것이 제일 좋습니다. 책이나 인터넷을 통해 볼 수도 있지만 실제로 보는 것에 비할 수가 없죠. 일단 그림 크기에 따라서도 그 느낌이 다르고, 세밀한 묘사나 풍부한 색감이나 질감 등은 원화를 볼 때만 느낄 수 있는 것들입니다. 실제 미술 작품을 보려면 미술관이나 박물관 혹은 개인 전시장 등을 주로 찾게 되는데, 규모가 큰 곳일수록 전문 도슨트(Docent)가 배치되어 있습니다. 도슨트는 '가르친다'라는 뜻의 라틴어 'docere'에서 유래한 용어입니다. 관람객을 안내하며 전시에 대한 설명을 제공하여 전시 및 작품에 대한 이해를 돕는 역할을 합니다. 만일 도슨트가 있는 전시라면 미리 일정을 확인해서 도슨트의 설명을 듣는 것을 강력히 추천합니다. 미처 몰랐던 정보와 이야기를 알게 되면 그림을 보는 눈이 달라집니다. 큰 전시의 경우 입구에서 오디오 자동 안내 장치를 빌리거나 본인의 스마트폰에 앱을 설치해서 안내를 받을 수도 있습니다. 요즘은 작품마다 QR코드가 있어서 스캔하게 되면 작품 설명을 들을 수 있는 전시도 있습니다.

저는 해마다 개인전을 열고 있는데, 종종 누군가에게 쫓기듯 급하게 그림을 둘러보고는 전시장을 금방 나가 버리는 관람객이 있습니다. 하나의 작품을 완성하기 위해 저는 짧게는 다섯 시간, 길게는 스무 시간이 넘는 작업을 합니다. 어떤 작가는 수개월간 작업을 하는 경우도 있습니다. 그런데 이런 작품을 단 몇 초 만에 급히 보고 나가면 섭섭한 마음이 생깁니다. 그래서 전시장에서는 가능하면 시간적 여유를 넉넉히 가지고 천천히 감상하는 것이 좋습니다. 당연히 작가 입장에서도 자신의 작품을 천천히 보는 분들에게 호감이 생길 수밖에 없습니다.

그럼 무엇을 봐야 천천히 볼 수 있느냐고요? 일단은 보는 위치부터 달리해보면 좋습니다. 가까이 다가가서 볼 수도 있고, 멀리 떨어져서 볼 수도 있습니다. 위나 아래에서 혹은 옆에서 그림을 볼 수도 있습니다. 그리고 멀찍이 전체를 볼 수도 있고, 조금 가깝게 다가가서 세밀하게 관찰하듯 그림을 볼 수도 있습니다. 그리고 그림의 배경과 중심 대상을 구분 지어 볼 수도 있습니다. 또 반복적으로 사용되는 패턴이나 어떤 특정 모양만 찾아서 볼 수도 있습니다. 그리고 우리가 잘 알고 있는 사물을 어떤 식으로 표현했고, 또 어떻게 느껴지는지 생각해 볼 수도 있습니다. 작품에 사용된 재료가 무엇인지 생각해 보는 것도 좋은 그림 감상법입니다. 이처럼 그림을 보는 방법에 정답이란 없습니다.

만일 전시장에서 작가를 만날 수 있다면 정말 운이 좋은 날입니다. 작품을 천천히 충분히 감상하고 나서 작가에게 다가가 인사를 한 후 몇 가지 질문을 해봐도 좋습니다. 이 작품은 어떤 재료를 사용했나요? 저는 이 작품이 마음에 드는데 작가님은 어떤 작품이 가장 애착이 가세요? 요즘 특별히 관심을 가지고 계시는 소재가 있나요? 작품 한 점을 완성하는데 어느 정도 시간이 걸리나요? 혹시 내년에도 전시가 열린다면 전시 정보는 어디에서 얻을 수 있나요? 친구들에게 전시회 정보를 알려주고 싶은데 혹시 온라인에서 작품이나 관련 정보를 볼 수 있는 방법이 있나요? 혹시 원화 작품도 판매하나요? 가격은 얼마나 하나요? 물론 기성 작가들의 작품이라면 작품 하나당 가격이 어마어마해 가격을 묻는 것 자체가 부담스러운 일이 될 수도 있겠지만, 저처럼 아마추어 작가라면 가격대를 물어보면서 작품을 살피는 것도 재미있는 감상법 중 하나입니다. 아무튼 이런 질문을 받게 되면, 대부분의 작가는 매우 친절하게 설명을 해줍니다.

개인전이 많이 열리는 시내 중심가의 갤러리는 대부분 입장료를 받지 않습니다. 여유를 가지고 느긋하게 작품을 감상하고 작가와 대화를 해보는 경험을 해보세요. 그림을 잘 모른다고 해서 전시장에 들어가는 것을 부끄러워하거나 어렵게 생각할 필요는 없습니다. 그림을 보고 싶다는 욕구가 결국 그림에 관한 공부, 나아가 잘 그리고 싶다는 마음과도 연결되기 때문입니다.

그리고 개인 전시의 경우 입구 근처나 한쪽 테이블에 방명록이 준비된 경우가 많습니다. 작가와 친분이 없어도 방명록에 감사의 글을 남겨 보세요. 다른 사람은 어떤 글을 썼는지 구경하는 것도 재미있습니다. 달랑 이름만 쓰지는 마시고요. 글을 길게 쓰면 작가는 고마워 할 수 밖에 없습니다. 글과 함께 그림을 그려 넣거나 하트, 스마일과 같은 이모티콘을 그려 넣는 것도 센스죠. 저는 해마다 개인전이 끝나면 방명록의 내용을 스캔하거나 촬영해서 나중에 다시 보기도 합니다. 그러면 시간이 한참 지나도 그때의 추억과 느낌이 금방 되살아납니다.

대형 전시장의 동선은 언제나 기념품 판매 공간으로 끝이 납니다. 이곳에서는 앞서 전시장에서 만나 보았던 작품의 도록이나 아트 프린트 상품 등을 만날 수 있습니다. 작품을 통해 느낀 감동을 간직하고자 한다면 작은 기념품 정도도 괜찮겠죠? 저는 해마다 개인전을 열면서 엽서, 핀 버튼, 에코백, 티셔츠 등 부담 없는 가격의 작은 기념품을 준비했습니다.

이렇게 저의 개인적인 경험을 통해 알게 된 몇 가지 그림 감상 팁을 공유했습니다. 바쁘고 정신없는 일상이지만 적어도 일 년에 한두 번쯤은 가까운 전시장이나 미술관을 찾아가 보면 좋겠습니다. 비용을 들이지 않고서도 뭔가 가슴이 채워지는 느낌을 얻을 수 있습니다. 그리고 그림 그리기 욕구가 조금 꺾일 때쯤 다시 찾는다면 그림에 대한 의지가 다시 활활 타오르게 되기도 합니다.

100일 동안 100개의 그림 그리기

2019년 1월 1일, 100명이 넘는 사람이 참여하는 100일 100그림 프로젝트가 온라인으로 시작되었습니다. 프로젝트의 규칙은 다음과 같았습니다.

- 100일 동안 100장의 그림을 그린다.

- 정해진 그날의 주제로 그린다.

- 작품에 날짜, 서명, 태그 #100d100d 를 기록한다.

- 완성된 작품은 당일 SNS에 공유한다.

쉽게 말해 100일 동안 매일 정해진 주제의 작품을 그리고 #100d100d 태그를 달아서 온라인에 공유하는 프로젝트였습니다. 작품의 크기와 재료, 채색 방법, 완성도 여부에 대한 판단은 모두 자유이고, 전통적인 수채화도 가능하고 색연필과 같은 아날로그 방식의 그림이나 디지털 태블릿을 사용한 방식도 모두 가능했습니다. 다만, 매일의 주제만이 정해져 있을 뿐이었습니다. 100개의 주제는 프로젝트 시작 전에 미리 공개했습니다.

과연 100일 동안 매일 그림을 그리는 것이 가능했을까요? 과연 몇 명이 이 프로젝트를 성공적으로 끝냈을까요? 놀라지 마세요. 놀랍게도 2019년 한 해 동안 무려 60명이 넘는 사람이 매일 하루도 빠짐없이 100일 동안 100개의 그림을 그리는 것에 성공했습니다. 어떻게 이 도전이 가능했을까요?

100일 100그림 프로젝트는 혼자가 아닌 온라인을 통해 함께 하는 프로젝트입니다. 단군신화 속 주인공인 곰이 100일 동안 마늘과 쑥을 먹고 사람이 된 것처럼 사람들은 누구나 자신이 원하는 것을 100일 동안 지속하면 분명히 큰 성취감과 기쁨을 얻을 수 있다는 희망으로 이 프로젝트를 시작합니다. 이 프로젝트가 높은 성공률을 낼 수 있는 데에는 '빨리 가려면 혼자 가고 멀리 가려면 함께 가라'는 아프리카 속담처럼 100명의 사람과 100일 동안 함께 한다는 점 때문입니다. 아래는 이 프로젝트에 도전하는 사람들을 위한 선언문입니다.

- 나는 나의 그림이 나의 삶을 아름답게 만들어 준다고 믿는다.
- 나는 나의 작품이 누군가에게 영감을 줄 거라고 믿는다.
- 나는 타인의 작품과 나의 작품을 비교하지 않는다.
- 나는 과거의 나보다 조금씩 발전한다고 믿는다.
- 나는 타인의 작품에서 배울 점을 찾는다.

우리의 일상이 매일 즐겁지만은 않은 것처럼 그림을 그리는 것도 매일의 상황에 따라 다를 때가 있습니다. 어떤 날은 신기하게도 그림이 잘 그려집니다. 주제도 마음에 들고 시간도 여유롭고 마음에 평화도 찾아옵니다. 이런 날은 하루에 두 개 이상의 작품을 완성하기도 합니다. 그런데 또 어떤 날은 컨디션 난조를 보이는 날도 있습니다. 이렇게 해도 마음에 안 들고, 저렇게 해도 마음에 안 드는 그림이 나오는 날입니다. 그럼에도 불구하고 어떻게든 한 장의 그림을 매일 완성하고 공유합니다. 그것이 가장 중요한 규칙이기 때문입니다. 직장에서 힘든 일이 있었거나 여러 개인적인 복잡한 일이 있었던 날은 그림을 완성하는 것 자체가 정말 힘이 듭니다. 그러나 그럼에도 자정을 넘기기 전에 그림을 완성하고 공유하고 나면 "오늘도 열심히 살았구나"하는 작은 성취감에 자신이 대견스럽게 느껴집니다. 그래서 이런 날은 잠자리도 편안하며 내일은 다시 그림이 잘 그려질거야 라는 기대를 품고 숙면을 취하게 됩니다. 이렇게 매일 일상에서의 작은 성공이 쌓이게 되면 자존감도 커지게 되고 행복을 느끼는 감성도 매우 풍부해집니다. 그래서 100일 100그림 프로젝트의 진짜 목적은 자신과 했던 약속을 통해 작은 성공을 100번 경험하는 것입니다.

100일 동안 100장의 그림을 그리는 것, 어떻게 하면

100일 100그림 프로젝트 주제

이 약속을 어기지 않고 잘해낼 수 있을까요? 저만의 비밀 몇 가지를 알려드리겠습니다. 꼭 그림 그리기뿐만 아니라 100일 동안 꾸준히 뭔가를 하고 싶다면, 그 일에도 저의 팁을 응용해보면 좋을 것 같습니다.

그림 도구 항상 휴대하기

저는 그날그날의 상황에 따라 조금씩은 달랐지만 휴대용 수채화 세트와 작은 스케치북을 항상 가지고 다녔습니다. 심지어는 출장을 갈 때도 그림 도구를 챙겨가서 일과가 끝나면 호텔에서 그날의 작품을 완성해서 스마트폰으로 촬영하고 공유했습니다. 100일 동안 하루도 빼놓치 않고 꼬박해내기 위해서는 그림 도구를 항상 내 몸의 일부처럼 가지고 다니는 게 중요합니다.

작게 그리기

매일 하나의 작품을 완성해야 하므로 절대 크게 그릴 수가 없습니다. 크게 그리는 욕심을 부렸다가는 완성하지 못할 확률이 높습니다. 더군다나 그림 그리기가 습관이 되지 않은 상태라면 더더욱 작고 소박한 목표를 가지고 시작하는 게 좋습니다. 이 프로젝트에 참여하는 대부분의 사람이 A5 이하의 종이를 사용합니다. 심지어는 엽서 크기의 A6 종이에 그림을 그리는 분도 있습니다. 재미있는 사실은 제한된 시간 안에 그림을 그릴 때 종이가 작으면 작을수록 좀 더 세밀한 묘사를 하게 된다는 것입니다. 제 경우는 A5 크기의 수채화 작품을 완성하는데 매일 한 시간 정도가 걸렸습니다.

오늘의 주제만 생각하기

매일 밤 12시 자정을 시작으로 그날의 새로운 주제가

주어집니다. 지나간 작품에 대해 아쉬움은 뒤로 한 채 오늘은 오늘의 주제만을 생각합니다. 어떤 날은 좋아하는 주제가 나오기도 하고, 어떤 날은 난해하고 마음에 들지 않는 주제가 나오기도 합니다. 항상 내 마음에 드는 것만 있는 것은 아니겠죠. 어떻게 그려야 할지 아이디어가 떠오르지 않는다면 머릿속으로는 주제를 생각하면서 행동으로는 평소에 하지 않던 딴 일을 해봅니다. 그러면 불현듯 좋은 아이디어가 스치듯 떠오릅니다. 샤워하다가, 강아지와 산책하다가, 혹은 꿈속에서 아이디어를 만나기도 합니다. 집중하는 훈련은 내가 하는 다른 일에도 도움을 줍니다.

다른 사람의 작품 감상하기

그날의 주제를 완성했다면 이제 여유를 가지고 다른 사람의 작품도 감상해 봅니다. 주제는 같지만 표현 방법은 너무나도 다양합니다. 사용한 재료와 구도, 소재가 모두 다릅니다. 어떤 그림은 아이디어가 기발하다고 생각되는 작품도 있습니다. 같은 주제로 수십 가지 다른 작품을 감상하는 것은 이 프로젝트가 가지고 있는 매력입니다. 타인의 그림에서 새로운 발상이 떠오르기도 합니다. 내 아이디어를 잘 뽑으려면 다른 사람의 작품을 잘 관찰하는 것도 중요하다는 것 잊지 말아야 합니다.

드디어 100일간의 길고 긴 힘든 도전이 끝났습니다. 하루도 쉬지 않고 반복한다는 것은 정말 어려운 일입니다. 이렇게 어렵사리 만든 작품들을 온라인 공유로만 끝내자고 하니 뭔가 아쉬운 생각이 들었습니다. 그런데 이런 생각은 저만 하는 것이 아니었습니다. 프로젝트에 참여한 사람들 모두가 저와 비슷한 생각을 하고 있었습니다. 그래서 생각한 것이 바로 100일 그리기에 성공한 사람들의 작품을 전시하는 '예술가의 스케치북' 행사였습니다. 100일 그리기에 성공한 분들이 자신의 작품과 도구를 가지고 와서 함께 전시회를 여는 것이었죠.

2019년의 행사는 정말 엄청난 열기로 가득했습니다.

이 세상 어떤 미술관에서도 볼 수 없는 에너지가 가득 찬 전시회였습니다. 행사장의 대관 시간은 제한적이고 한 사람당 100장의 작품을 가지고 참여했으니 무려 5천 장이 넘는 원화 작품을 2시간 동안 감상하는 장관이 펼쳐졌습니다. 그동안 온라인으로만 보던 작품을 직접 보고 그 작품을 그린 작가를 직접 만나서 대화를 나누고, 그리고 100일 동안 빠짐없이 해냈다는 것에 대해 서로를 칭찬하고 응원하는 행사는 정말 즐거웠습니다. 그리고 이날은 행사에 참여하는 분들에게 선물 하나씩을 가져와 주십사 했는데, 이를 모아서 푸짐한 경품 행사까지도 했습니다.

이후, 우리는 전시회로만 이 기쁨을 끝내지 않고 작품집을 만들기로 했습니다. 100개의 작품인 만큼 작품 하나하나를 스캔해서 100장의 파일을 만든 다음 이를 모아서 작품집을 만드는 것이었죠. 작품집 만드는 데에는 출판 편집 프로그램을 이용했는데 많은 분들이 참여했고 이를 위해 공개강좌도 만들었습니다. 100일 동안의 노력이 담긴 100장의 작품과 출판 편집 프로그램을 다루는 약간의 기술, 그리고 무엇보다 나만의 작품집을 만들고 싶다는 간절한 마음이 모여 결국 멋진 작품집 제작까지 모두 성공리에 마칠 수 있었습니다.

사실 이 프로젝트에 많은 분들이 참여했지만 모든 분들이 매일 빠짐없이 100개의 그림 그리기에 성공한 것은 아닙니다. 끝까지 함께하지 못한 이유는 저마다 다양하겠지만 완벽함을 추구하고자 하는 마음이 가장 큰 장벽이지 않았나 생각합니다. 저 역시도 초반에는 완성된 작품을 SNS에 공개해야 한다는 규칙 때문에 매번 완성도를 높이기 위한 에너지를 쏟다 보니 매일 매일이 너무 힘들었습니다. 하지만 중요한 것은 작품을 완벽하게 완성하는 것이 아니라 자정 이전에 완성해서 공유하는 것이고 이것이 앞으로 더 좋은 작품을 그릴 수 있는 기반이 된다고 생각합니다. 그런 생각을 하고 나서부터는 완벽함에 대한 집착을 버렸습니다. 'Done is better than perfect'라는 멋진 말이 여기에 해당하는 말입니다. 너무 큰 힘을 쏟지 말고 작품을 완성하고, 온라인에 공유하고, 마음 편하게 다른 사람의 작품을 감상하며 하루를 마무리하는 것. 매일 그림을 생각하게 함으로써 그림 그리기가 습관이 되고 내 삶의 한 부분이 되도록 하는 것. 그래서 그림을 통해서 하루를 정리하고 나를 위로하고 치유하는 것. 저는 이것이 이 프로젝트의 미덕이라고 생각합니다.

2019년에 시작해서 2020년 시즌 2를 거쳐 2021년 1월 1일에 시즌 3이 시작되었습니다. 100장의 작품이 담긴 나만의 작품집도 하나씩 쌓여가고 있네요. 온라인으로 함께 그림을 그린다는 뿌듯함에 앞으로 몇 년간은 계속해서 새해 첫날을 100일 100그림 프로젝트로 시작할 것 같습니다.

①③

비주얼씽킹

퇴근 후 저녁마다 책상에 앉아 행복하게 그림을 그리며 즐거운 나날을 보내던 어느 날, 직장에서 다수의 직원에게 무엇인가 안내할 일이 생겼습니다. 그런데 단순하게 글만 쓰는 것보다는 뭔가 시각적인 요소를 추가하면 이해도 빨라지고 재미가 있지 않을까, 하는 생각을 했습니다. 그때까지만 해도 저는 색연필이나 수채 물감을 이용해 그림을 그렸는데 이것 말고 뭔가 좋은 방법이 없을까 한참을 고민하다 인터넷에서 손으로 그린 멋진 그림 하나를 발견했습니다. 사물의 특징만 간단하게 표현했는데 누구나 쉽게 이

해할 수 있고 마음만 먹으면 따라 그릴 수도 있는 그림이었습니다. 나중에 알게 되었는데 이 그림에 사용된 기법이 바로 '비주얼씽킹(Visual Thinking)'이었습니다.

당시에는 비주얼씽킹에 대한 자료가 국내에 많지 않았습니다. 인터넷을 통해 외국 자료들을 구해 보면서 응용도 해보고, 그러면서 저는 점점 비주얼씽킹의 매력에 빠지기 시작했습니다. 이후 사내 동료들과 비주얼씽킹 워크숍도 하게 되었고, 나중에는 관련 책까지도 내게 되었습니다.

비주얼씽킹이 뭔가요?

비주얼씽킹은 생각과 정보를 글과 그림을 함께 이용해 빠르고 간단하게 표현하는 기술입니다. 비주얼씽킹에서는 그림을 잘 그리는 것보다, 누구나 쉽게 이해할 수 있게 간단하고 빠르게 표현하는 것이 더 중요합니다. 그래서 필체가 좋지 않아도 누구나 글을 읽고 쓸 수 있는 것처럼 그림체가 조금 부족해도 누구나 익힐 수 있는 게 비주얼씽킹입

① 비주얼씽킹으로 표현한 토스트 만드는 방법

② 굵은 선과 마커를 이용해 그림자를 넣은 비주얼씽킹 그림

니다. 그리고 빠르고 간단하게 표현하는 게 핵심이다 보니 자칫 자신의 결과물이 초라하게 보일까 걱정하는 분들도 있는데, 두 가지만 기억하면 생각보다 멋진 작품을 만들어 낼 수 있습니다. 그것은 바로 굵은 선과 그림자입니다.

비주얼씽킹 그림은 굵은 선을 이용해 그리는 것을 추천합니다. 굵은 선과 가는 선을 동시에 그릴 수 있게 양쪽에 서로 다른 굵기의 촉을 가진 펜이면 좋겠지만 주변에서 쉽게 구할 수 있는 네임펜이나 컴퓨터용 사인펜이어도 충분합니다. 굵은 선을 사용하면 간단한 그림이지만 시각적으로 명확하게 전달되는 장점이 있습니다. 그리고 빠르게 그릴 수도 있습니다. 얇은 펜만 사용한다면 마음에 드는 형태를 표현하기 위해 생각보다 많은 시간이 걸리고 그 결과물도 부족해 보입니다.

또 하나의 비법은 바로 그림자입니다. 그림에 그림자가 추가되면 우리의 눈은 이 그림을 '입체적'이라고 생각합니다. 인간의 뇌는 평면적인 그림보다 입체적인 그림에 더욱 흥미를 느낍니다. 따라서 그림에 입체감을 살린다면 훨

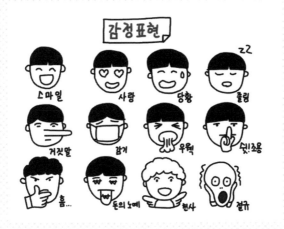

비주얼씽킹 – 행동 표현, 감정 표현

씬 효과적으로 정보를 전달할 수 있습니다. 입체감을 만들어주는 도구가 바로 마카입니다. 마카는 넓은 펜촉을 가지고 있어서 쉽게 그림자를 만들 수 있습니다. 여러 번 덧칠할 필요도 없이 한 번에 쓱 그리게 되면 금방 그림자가 만들어집니다. 시중에 판매되는 마카는 브랜드마다 약 스무 가지의 회색이 있습니다. 따뜻한 회색으로 10%에서 100%까지 10단계, 차가운 회색으로 10%에서 100%까지 10단계. 이렇게 총 스무 가지의 회색이 있습니다. 제 경험상 초보자가 사용하기에 가장 적당한 회색은 따뜻한 회색 30%입니다. 이 색상이 바로 WG3(Warm Grey 30%)입니다. 비주얼씽킹을 위해 마카 구입을 한다면 WG3 색상을 사면 좋습니다.

비주얼씽킹에서는 채색을 하지 않고 굵은 선과 그림자만으로도 충분히 효과적으로 정보를 전달할 수 있습니다. 그러나 채색을 하고 싶다면 색연필, 물감 등의 전통적인 방법이 아니라 디지털 방식을 이용하는 것을 추천해 드립니다. 즉 그리는 작업은 스케치북에 펜을 이용해 진행하

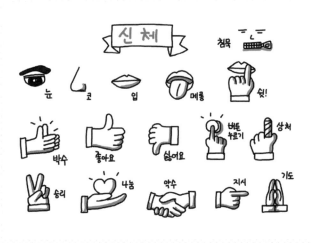

신 체

침묵

눈　코　입　메롱　쉿!

박수　좋아요　싫어요　버튼 누르기　상처

승리　나눔　악수　지시　기도

동 물

쥐　소　호랑이　토끼

용　뱀　말　양

원숭이　닭　개　돼지　고양이

비주얼씽킹 - 신체, 동물

고, 색은 PC를 이용해 채색을 하는 것입니다.

맨 먼저 종이 위에 그린 것을 스캔합니다. 만일 스캐너가 있다면 좋은 품질의 이미지를 얻을 수 있습니다. 그런데 스캐너가 없거나 작업물이 A4보다 큰 경우에는 스마트폰을 이용해 스캔하면 됩니다. 추천하는 앱은 마이크로소프트에서 제작한 오피스렌즈입니다. 빠르고 안정적이며 무엇보다 무료라서 좋습니다. 앱을 이용해 스캔한 이미지를 PC로 옮긴 다음 채색을 합니다. 이때 추천해 드리고 싶은 프로그램은 오토데스크의 스케치북이란 프로그램입니다(앞에서 한번 설명드렸습니다). 꼭 필요한 기능만 있는 가볍고 안정적인 프로그램입니다. 이 프로그램도 무료로 사용해 볼 수 있습니다. 페인트 통 모양의 아이콘을 이용하면 클릭 한 번으로도 쉽게 채색할 수 있습니다.

PC에서 채색을 쉽게 하려면 도형들의 선들이 막혀 있게끔 그림을 그리는 것이 좋습니다. 막혀 있는 영역은 한 번에 채색이 가능하지만 선이 끊어져 있으면 배경까지 전부 칠해집니다. 이런 경우 채색을 진행하기 전에 끊어진 부분을 다시 디지털로 이어주는 작업을 추가로 해야 합니다.

비주얼씽킹으로 표현할 수 있는 것은 정말 무궁무진합니다. 사람의 다양한 행동을 표현할 수도 있고 감정을 표현할 수도 있습니다. 그리고 동물이나 우리의 일상생활 등을 표현할 수도 있습니다. 말로 길게 설명하는 것보다 제가 그린 것들을 한번 보면 쉽게 이해가 되겠죠.

그래픽레코딩

비주얼씽킹이 간단한 그림과 글을 이용해 정보를 표현한 것이라면 그래픽레코딩(Graphic Recording)은 좀 더 난이도가 있는 기술입니다. 이 방법은 강의나 발표를 들으며 그 내용을 글과 그림으로 요약하는 기술입니다. 마치 노트 필기를 하는 것과 비슷합니다. 다만 간단한 그림을 글과 함께 정리한다는 차이가 있습니다. 다음 페이지의 그림은 고인이 되신 한겨레의 구본준 기자가 CBS의 강연 프로그램인 〈세상을 바꾸는 시간 15분〉에서 들려준 이야기를 제가 그래픽레코딩으로 그린 것입니다. 초창기 작업물이라 다소 어수선함이 느껴지지만 개인적으로는 정말 마음에 드는 그래픽레코딩입니다. A4 사이즈의 스케치북에 펜으로 그린 후에 스캔해서 PC에서 디지털로 채색을 했습니다.

저는 약 8년간 손으로 스케치북에 그림을 그린 다음 스캔 후 디지털로 채색을 하는 방식을 써왔습니다. 그런데 2년 전쯤 아이패드 프로를 사고 작업 방식을 바꾸었습니다. 종이에 그리고, 스캔하고, 채색하는 번거로운 방법이 아닌 아이패드에 바로 그리고 바로 채색하는 방식을 쓰게 되었습니다. 이 방식의 최대 장점은 작업 과정이 녹화된다는 것입니다. 이렇게 녹화한 것을 빠르게 재생하면 30분의 이야기를 2~3분 안에 동영상으로 요약해 볼 수 있습니다.

저는 지난 2020년에 강원도 정선에서 열린 '정선 포럼 2020'에 초대되어 현장에서 작업한 그래픽레코딩을 청중들에게 소개한 일이 있습니다. 영상을 본 청중들의 엄청난 호응이 기억납니다. 10년 가까운 시간이 흘러 지금은 비

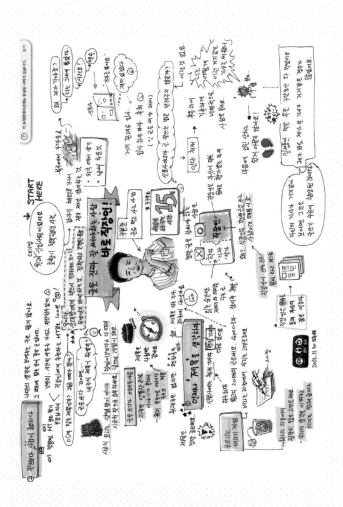

고 구본준 기자의 강의 그래픽레코딩

주얼씽킹과 그래픽레코딩 전문가로 활동하고 있지만 처음 시작은 생각보다 소박했습니다. 나만의 작은 '시각 단어장'을 만드는 것에서부터 시작했습니다. 그림 카테고리를 정하고, 카테고리별로 필요한 단어를 정하고, 이를 그림으로 표현한 손바닥만 한 스케치북을 들고 다니면서 틈만 나면 따라 그리는 연습을 했습니다. 그렇게 하면서 단어들을 하나씩 제 것으로 만들었습니다. 즉, 머릿속에 사물의 이미지를 저장해두고 관찰없이 재빨리 그림을 그리는 것이라 할 수 있습니다. 그렇게 몇 달을 연습하고 나니 누구보다도 빠르고 정확하게 사물이나 상태 등을 그림으로 표현할 수 있었습니다. 결국, 지금은 수많은 학교와 단체를 대상으로 비주얼씽킹 워크숍을 진행하고 기업을 대상으로는 다양한 홍보 자료와 사내 커뮤니케이션 자료를 시각적으로 제작하며 즐거운 나날을 보내고 있습니다.

비주얼씽킹은 누구나 시도해 볼 수 있는 기술입니다. 글씨가 예쁘지 않아도 누구나 글을 쓸 수 있는 것처럼, 그

정선 포럼 2020, 마이클 샌델 교수의 특강

림을 잘 그리지 못해도 비주얼씽킹은 누구나 배울 수 있습니다. 책을 이용해 독학도 가능하고 온라인 클래스도 있습니다. 어쩌면 이 글을 읽는 여러분은 이미 생활 속에서 다양한 방법으로 비주얼씽킹을 활용하고 있을지도 모르겠습니다. 저는 비주얼씽킹으로 독립을 했고, 지금도 이 기술을 이용해 생계를 유지하고 있습니다. 그리고 앞으로도 계속 발전할 수 있을 거라고 생각합니다.

다음 글에서는 1인 기업가로서의 저의 독립 과정을 들려드리겠습니다.

⑭

그림으로 1인 기업이 되다

이번 글부터는 그림을 통해서 제 삶이 어떻게 변화되었는지 좀 더 집중적으로 말씀드리고자 합니다.

저는 대학 졸업 후 바로 취업을 하고 16년 동안 정말 즐겁고 행복하게 일했습니다. 12년은 IT 기업에서 개발자로 일했고, 4년은 대기업 계열사에서 기업 문화를 담당하는 업무를 했습니다. 매일 매일 출근하는 것이 즐거웠고, 마음 맞는 동료들과 함께 일하는 것이 너무 재미있었습니다. 그리고 제가 하는 일이 누군가에게 도움이 되는 일이라는 사실에 행복했습니다. 그런데 2013년 12월 어려운 상황을 맞이하게 되었습니다. 근무하던 직장의 실적이 악화되면서 퇴사라는 운명적인 결정을 해야 하는 순간이 닥쳐온 것이었습니다.

당시 큰아이는 고등학생, 둘째는 초등학생이라 다른 안정적인 직장을 찾아보려고 했습니다. 하지만 이미 40대 중반을 향해가는 저에게 이직은 쉽지 않은 길이었습니다. 그동안 회사에서 했던 여러 가지 일들을 생각했을 때 금방 다른 좋은 회사로 이직할 수 있을 거라 생각했는데, 마음처럼 되지를 않았습니다. 이직이 여의치 않게 되자 저는 앞이 막막해지기 시작했습니다. 급기야 실직자가 되어 실업 급여를 받으며 생활을 이어가야 할 상황이 되었습니다.

그 당시 참 많은 생각을 했습니다. 과연 '안정적인 직장'이란 무엇인가? 안정적인 다른 회사에 들어가는 것이 정말 안정적인가? 새로운 곳으로 이직한다 해도 10년 이상의 안정적인 미래를 보장받기는 힘들어 보였습니다. 저는 앞으로 적어도 25년 이상은 더 일하고 싶은데 그러기 위해서는 직장인이 다시 되는 게 답은 아닌 것 같았습니다.

네, 맞습니다. 저에게 가장 안정적인 직장은 바로 제 자신이 안정적인 기업이 되는 것이었습니다. 그렇게 마음을 먹고 저는 16년간의 조직 생활을 끝내고 스스로를 고용한 '1인 기업'이 되었습니다. 그리고 그동안 취미로 하던 그림 그리기를 본격적으로 사업화 하기로 마음 먹었습니다. 강의, 워크샵, 집필 등이 제가 지금 그림으로 하고 있는 사업입니다. 처음에는 막막했지만 하나씩 경험이 쌓이면서 조금씩 수입도 안정되어 가고 지금에까지 이르고 있습니다.

지금부터는 1인 기업으로 지금 제가 하고 있는 일이 어떤 일이며 어떻게 밥벌이가 되는지 하나씩 소개해 드리고자 합니다. 일종의 제가 만들어 내는 경제적 가치라고 생각하시면 될 것 같습니다.

창작

저는 전업 작가는 아니지만, 취미로 그림을 그립니다. 넉넉하게 잡아 1년에 약 300시간 이내로 창작 활동을 합니다. 수채화를 좋아하며 1년에 한 번씩 개인전을 엽니다. 지금까지 총 일곱 번의 수채화 개인전을 열었습니다. 1년 동안 그린 작품을 이 기간에 모두 판매한다고 가정하면 전시장 대관, 액자 제작, 홍보물 인쇄 등의 비용을 제외하고 약 300만 원의 수익이 생깁니다.

－300만 원 / 300시간 = 시간당 1만 원

놀랍게도 그림은 시간당 1만 원을 버는 경제 활동입니다. 최저 시급과 비슷합니다. 생각보다 크지 않은 금액이죠? 물론 전문적인 작가들은 좀 더 비싼 가격에 작품을 판매하겠지만, 저의 작품은 크기가 대략 A3 정도입니다. 이 정도 크기의 작품은 일반적으로 가정집이나 사무실 벽에 걸기에 부담 없는 크기입니다. 부담 없는 크기와 가격 덕분에 저의 수채화 작품은 해마다 대부분 다 판매가 됩니다. 비싼 가격을 받는 것보다 더 중요한 것은 저의 작품이 다양한 장소에서 사랑받는 것입니다. 그래야만 앞으로도 이 즐거운 작업을 계속할 수 있을 테니까요.

집필

지금까지 20년 이상 사회인으로 경제 활동을 하면서 총 17권의 책을 쓰고 번역했습니다. 한 권의 책을 쓰거나 번역할 때 필요한 시간은 보통 6개월 정도, 하루 한두 시간 정도 작업을 하면 대략 300시간 정도가 필요합니다. 제 경우 대부분 출판사에서 10% 내외의 인세를 받았습니다. 정가 1만5천 원 정도의 책을 초판에 2,000부를 출간하는 경우, 초판이 다 팔린다는 가정하에 얻는 수익금은 약 300만원 전후가 됩니다.

- 300만 원 / 300시간 = 시간당 1만 원

집필은 1시간에 1만 원을 버는 경제 활동입니다. 창작과 마찬가지로 큰 벌이가 되지는 않습니다. 그런데도 1인 기업에 있어 창작과 집필은 매우 중요한 경제 활동입니다. 그것은 이 두 가지 활동이 지속적으로 배우고 성장하고 있음을 나타내는 지표가 되기 때문입니다.

강의와 워크숍

　강사료는 강의하는 곳에 따라 상대적입니다. 같은 강의를 해도 학교나 비영리 단체에서의 강사료와 대기업에서의 강사료는 다섯 배 정도의 차이가 납니다. 예를 들어 학교는 한 시간에 10만 원 전후라면 대기업은 시간당 40~50만 원 정도의 강사료를 청구할 수 있습니다. 만일 1분에 1만 원 정도를 청구할 수 있다면 매우 훌륭한 대접을 받는 탑 클래스 강사라고 할 수 있습니다. 저는 학교와 비영리 단체의 경우 그쪽에서 정해주는 규정대로 받습니다. 제가 강사료를 많이 달라고 해서 더 받을 수 있는 구조가 아니기 때문입니다. 그럼에도 한 번의 강의가 인연이 되면 후속 강의를 반복할 수 있고, 소개를 받아 다른 단체 등으로 강의가 퍼져 나가기도 합니다. 그래서 일정만 맞으면 강사료와 상관없이 전국 어디든 갑니다.

　저는 이 일을 아주 오랫동안 하고 싶은데 그러려면 좋은 분들과 좋은 관계를 맺는 것이 필수입니다. 그래서 큰 돈을 버는 것보다 전국적으로 좋은 인연을 만드는 것을 더 중요하게 생각합니다. 그리고 강의 후에는 강의에 사용한 각종 자료들을 따로 요청해 주지 않아도 미리 다 보내드립니다. 나름 AS에 철저한 편입니다. (^^)

1분에 1만 원을 받는 훌륭한 강사가 되려면 어떻게 해야 할까요? 답은 정해져 있습니다. 창작과 집필을 계속하면서 2~3년마다 새로운 콘텐츠를 만들어야 합니다. 제가 생각했을 때 가장 중요한 사항이 바로 이 부분인 것 같습니다. 단순히 강의만 잘한다고 해서 최고의 대우를 받는 것이 아니라 꾸준한 창작 활동, 집필과 출간, 프레젠테이션과 강의, 인간적 매력 등 이 네 가지가 완벽하게 모일 때 궁극적인 1인 기업이 됩니다.

1인 기업가로 활동을 하다 보니 가장 아쉽고 힘든 점이 바로 마케팅입니다. 회사에 있을 때는 조직의 노하우를 이용하거나 이미 수많은 사람들의 노력이 뒷받침되어 탄생한 브랜드 같은 것이 있어 비교적 수월했습니다. 하지만 1

인 기업은 말 그대로 맨땅에 헤딩하면서 홍보를 시작해야 합니다. 내 이름 석 자, 내 브랜드가 모두 처음인 분들에게 다가가 한 명씩 붙잡고 알리는 일을 해야 합니다. 이 과정이 절대적인 시간을 필요로 하는 지난하면서도 가장 힘든 일입니다.

저는 1인 기업을 하면서 홍보와 마케팅에 있어서 소셜 미디어를 적극적으로 활용합니다. 저는 제가 그리는 그림을 SNS에 올려놓고 사람들이 무료로 퍼갈 수 있도록 합니다. 이걸 우리는 '공유'라고 합니다. 자신이 만든 것을 공유할 때 사람들은 서로 다른 두 가지 태도를 보입니다. 첫 번째는 "이것은 내가 만든 것이니 함부로 퍼가지 말고, 반드시 나의 허락을 받고 사용하시오!"입니다. 요즘은 SNS에서 이렇게 생각하면서 자신의 콘텐츠를 올리는 분은 없는 것 같습니다. 두 번째는 첫 번째와 완전 반대입니다. "이것은 제가 만든 것입니다. 원본은 이곳에 있습니다. 필요하시면 원하는 대로 사용하고 제가 만들었다는 것을 꼭 기억해 주세요." 요즘은 이런 태도가 당연한 트렌드로

받아들여지고 있습니다.

저는 창작물보다 중요한 것은 가치 있는 창작물을 지속해서 만들어 내는 힘이라고 생각합니다. 1인 기업의 창작물(콘텐츠)은 길어야 2~3년 정도의 생명력을 가지고 있습니다. 큰 꿈을 가지고 독립했지만 3년을 버티기 힘든 이유는 창작의 소재와 생산력이 고갈되기 때문입니다. 꾸준히 공유하기 위해서라도 계속해서 가치 있는 것을 만드는 노력을 기울여야 합니다. 일상에서든 책에서든 그리고 새롭게 만나는 사람을 통해서든 이 세상에서 만날 수 있는 모든 것을 내 것으로 만드는 힘이 있다면 계속 성장할 수 있습니다.

사람들에게서 새로운 장점을 발견하고 그것을 내 것으로 만들면서 지속적으로 성장하고, 또 성장하는 만큼 가치 있는 것을 만들어 많은 사람에게 나누어 주면 그들은 마음속으로 저를 응원해 줍니다. 그리고 언젠가는 저를 도와줍니다. 그것의 시작은 바로 공유에서 비롯됩니다.

이 세상은 아주 촘촘하게 연결되어 있습니다. 특히

SNS 시대의 연결은 더욱 다양해지고 쉬워졌습니다. 나를 도와줄 사람을 SNS를 통해서도 많이 만들어보세요. 나를 응원해주는 사람이 많다면 나는 쉽게 실패하지 않습니다. 이것이 바로 1인 기업가가 지속해서 가치 있는 것을 만들어야 하는 이유입니다. 만일 제가 몇 년 후에 조용하게 잊힌다면, 그것은 가치 있는 결과물을 만들고 공유하는 일을 지속하지 못했기 때문입니다.

저는 소리 없이 사라지고 싶지 않습니다. 크고 화려하지는 않지만 작고 소중한 것을 계속 만들 것입니다. 작은 것이 모이면 더는 작은 것이 아닙니다.

1인 기업가로 활동하기

조직에서 일하는 것과 1인 기업으로 일하는 것에는 큰 차이가 있습니다. 회사에 다닐 때는 재직 증명서와 소득증명서만 있으면 마이너스 통장은 물론 대출도 별 어려움 없이 가능했습니다. 심지어는 대출 기간 연장도 전화 한 통으로 가능했지요. 그러나 1인 기업으로 독립하게 되면 모든 것이 바뀌게 됩니다.

일단 연간 수입이 검증되기 전까지는 은행에서 대출은 불가능합니다. 최근 몇 개월간의 입출금 명세도 소용없습니다. 매출을 증명해야만 그것을 기반으로 한 대출이 가능해집니다. 저는 1인 기업가가 되기로 한 직후 18년 이상을 거래한 주거래 은행에 가서 대출 심사를 받았습니다. 하지만 쉽사리 대출 승인을 받지는 못했습니다. 다른 은행도 크게 다르지 않았습니다. 이제서야 은행의 본 모습을 알게된 거죠. 더욱 악착같이 살아야겠다고 다짐했습니다.

은행과 달리 사업자 등록을 위해 접속한 국세청 홈페이지는 이제 무척이나 친근합니다. 직장인은 사실 국세청에 접속할 일이 많지 않습니다. 저 역시 직장인일 때는 연말정산을 위해 1년에 겨우 한두 번 접속한 것이 전부였습니다. 그러나 1인 기업가에게 국세청(홈택스)은 수시로 드나들어야 하는 단골 가게와 같습니다. 저는 1인 기업가가 되고 몇달 만에 현금영수증, 세금계산서, 부가가치세 등의 용어와 친숙해졌습니다. 이제 국세청은 더는 두려움의 대상이 아니라 앞으로 계속 친하게 지내야 할 친구와 같습니다.

1인 기업으로 사업자등록증을 내려고 하니 사업장 주소도 필요합니다. 시내 중심에 멋진 사무실이 있으면 좋겠지만 고정 비용도 만만치 않고 강의와 워크숍을 주로 하다 보니 출근하는 날도 많지 않습니다. 검색해 보니 실제 물리적인 독립 사무 공간을 제공하지는 않지만, 공용 공간을 사용하고 우편물 수취가 가능한 '가상 오피스' 서비스 업체가 여러 곳 있더군요. 한 달에 한 번 정도 사무실에 가는 저에게 딱 맞는 서비스입니다. 그리고 비용도 굉장히 저렴합니다.

보통의 직장인들처럼 매일 정해진 시간에 정해진 장소로 출근하지는 않지만 1인 기업가도 업무를 위해 잦은 이동을 합니다. 대부분은 대중교통을 이용하고, 대중교통이 열악한 경우에만 자가용 차량을 이용합니다. 지방을 가는 경우라면 아무래도 KTX가 편합니다. 저는 주로 스마트폰 앱으로 간단히 예약을 하고 이용했습니다. 그런데 예약 절차가 너무 간단해 시간을 착각하거나 출발지와 도착지를 반대로 예약하거나 하는 엉뚱한 실수도 몇 번 했습니다. 그리고 공유 자동차 서비스도 종종 이용했습니다. 예약과 결제가 매우 쉽고 정말 내 차처럼 이용할 수 있어 편하더군요.

이처럼 혼자 일하기로 마음을 먹고 나니 이전에 몰랐던 다양한 서비스들이 저 같은 1인 기업가를 위해 준비되어 있다는 사실을 알게 되었습니다. 마냥 막막하지는 않더군요. 이제는 언제 어디서나 업무를 합니다. 이동 중에도, 잠시 자투리 시간이 생겨도, 적당한 장소를 찾아서 틈틈이 업무를 처리합니다. 지금은 어디서나 노트북을 펼치고 후다닥 업무를 볼 수 있게 되었습니다. 때와 장소를 가리지 않고 집중력을 발휘해 일하고 있습니다. 이것도 기술인가 봅니다.

매일 정해진 시간에 출근하지 않아도 되니 가족과 함께하는 시간이 늘어났습니다. 종종 아이들을 등하교시키며 이야기도 나누고, 평일 오전의 한가한 시간에 아내와 쇼핑하는 재미도 생겼습니다. 그런 와중에 고객에게 연락이 오면 바로 업무 상태로 전환해 즉각적인 응대를 하기도 합니다. 그래서 저는 마트로 장을 보러 갈 때도 노트북을 들고 갑니다.

이처럼 1인 기업가에겐 일과 가족, 그리고 자신을 위한 시간이 명확히 분리되어 있지 않습니다. 필요하면 언제든 지금 있는 장소가 자신의 사무실이 됩니다. 그래서 혹자는 일과 쉼이 구분이 안 되어 더 힘들고 스트레스를 받는다고 하는 사람들도 있습니다.

프리랜서 혹인 1인 기업가라고 하면 고달픔보다 낭만이 먼저 떠오른다고들 합니다. 원하는 시간에 카페 같은 곳에 가서 노트북을 펼치며 여유롭게 일하고 휴가도 마음대로 즐길 수 있고. 하지만 현실은 그렇지가 않습니다. 저의 경우 오히려 일하는 시간이 더 늘었습니다. 다음 날 아침 일찍 예정된 워크숍을 전날 밤늦게까지 준비하고 일요일에는 월요일에 있을 강의를 준비합니다.

정해진 업무 시간이 없다 보니 24시간이 업무 시간인 것도 같습니다. 그럼에도 이렇게 일하는 것이 훨씬 즐겁습니다. 이는 내가 생각했을 때 중요하고 가치 있는 일만 할 수 있기 때문에 일이 늘어났다고 하더라도 그 일 하나하나는 너무나 소중하고 귀한 일이기 때문입니다. 직장에서는 내 생각에 불필요하거나 안 해도 될 것 같은 일, 혹은 내 능력 밖에 일들도 여러 가지 필요에 의해 억지로 하게 되는 경우가 많습니다. 사실 우리는 이런 일들 때문에 스트레스를 받습니다. 그런데 1인 기업이 되면 모든 것이 온전히 나를 위한 일입니다. 직장에 다닐 때는 업무 시간이 늘어도 급여는 고정적입니다. 그러나 1인 기업가의 시간은 일하는 만큼 경제적 결과로 이어지니 하루하루가 재미있고 즐겁습니다.

'1인 기업'의 자산은 나 자신이 전부입니다. 진정한 안정이란 결국 자신을 믿는 것뿐입니다. 지속해서 가치 있게 만들고, 가치를 창조하는 것, 그리고 가치 있는 것을 공유하는 것, 이 모든 활동을 통해 자신의 가치를 증명하는 것이 1인 기업의 핵심입니다. 저는 매일 좋은 음식 먹고, 매일 좋은 생각 많이 하고, 매일 많이 걷다 보면 좋은 일이 생기거라 믿습니다.

매일 새로운 곳에 갑니다.

매일 새로운 사람을 만납니다.

매일 새로운 경험을 합니다.

매일 새로운 사람이 됩니다.

이것이 바로 지속가능한 '1인 기업'입니다.

⓲⑥

그림 그리기와 미니멀 라이프

미니멀리즘이라는 예술의 영역이 있기는 하지만 예술가에게 '미니멀 라이프'는 어쩌면 잘 어울리지 않는 단어일지도 모릅니다. 그러나 저는 미니멀 라이프를 무척이나 좋아합니다. 그 이유는 바로 제가 오랜 시간 동안 프로그래머로 일한 전력을 가지고 있기 때문입니다.

1인 기업으로 독립하기 전, 저는 약 12년간 IT 회사에서 웹사이트 개발자로 일했습니다. 모든 개발자들은 불필요한 코드를 만드는 것을 끔찍하게 싫어합니다. 즉, 특정 기능을 구현하는 데 필요한 최소의 것만 남겨 놓고 그렇지 않은 부분은 제거해서 최소의 코드만으로 빠르고 간결하게 구현되도록 하는 것이 개발자의 중요한 덕목입니다. 이런 작업을 보통 최적화(optimization)라고 부릅니다. 저는 오랜 프로그래머 생활로 그림 그리기에서도 최적화의 습관이 몸에 배어있는 편입니다. 예를 들면, 의미 없는 불필요한 선을 그리는 것을 꺼리고 종이 위의 모든 선은 반드시 특정한 역할을 하도록 합니다. 아무리 복잡하고 선이 많은 그림이라도 제 그림 속에서의 선은 반드시 정해진 역할을 합니다. 마치 최소한의 코드만으로 기능을 구현하듯 필요한 선만으로 사물을 표현하는 스타일이 제 그림 스타일입니다.

이제는 그림뿐만 아니라 일상생활 자체를 군더더기가 없는 방향으로 가져가고자 합니다. 책을 읽고, 글을 쓰고, 다양한 작업을 하며 많은 시간을 보내는 저의 책상은 저의 취향을 잘 보여주는 곳입니다. 이런 취향을 흔히 미니멀 디자인, 미니멀 라이프라고 합니다. 그리고 제가 가진 물건도 대부분 이런 저의 취향을 따라갑니다. 그래서 화려하고, 아름답고, 복잡한 것 대신에 간단하고 단순해서 질리지 않고 오래 사용할 수 있는 것들을 좋아합니다.

우리가 살아가는 세상에는 바꿀 수 있는 것과 바꿀 수 없는 것이 있습니다. 이 두 가지를 구별하는 능력을 지혜라고 합니다. 연봉을 바꾸는 것은 그리 쉬운 일이 아니지만 시간당 급여를 바꾸는 일은 얼마든지 가능한 일입니다. 즉, 연봉이 동일한 직장 생활을 한다고 할 때 집중력을 높여 주어진 일을 빨리 마무리하고 회사에 있는 시간을 최소화한다면 시간당 급여가 올라가는 것이라 할 수 있습니다. 이렇게 아낀 시간을 자신을 위해, 혹은 사랑하는 가족을 위해 사용한다면 정말 좋은 일입니다. 그런데, 그러려면 집중력을 발휘해서 일을 잘 끝내는 능력이 필요합니다.

집중력에는 적당한 환경과 에너지가 필요합니다. 그런데 만일 여러 잡동사니에 둘러싸여 있어서 그것들이 나의 에너지를 빼앗아 간다면 집중력을 발휘하기가 어렵게 됩니다. 우리를 둘러싸고 있는 모든 것은 에너지의 끈으로 연결되어 있습니다. 집중력을 발휘한다는 것은 긍정적인 에너지를 주는 것만 소유하는 것을 말합니다. 그래서 내 에너지를 분산시키는 각종 잡동사니에서 자유로워지는 것이 중요합니다.

우리를 둘러싸고 있는 잡동사니에는 어떤 것들이 있을까요? 맨 먼저, 조잡하거나 좋아하지 않는 물건이 여기에 해당합니다. 공짜로 생기거나 별로 좋아하지 않는데 버리기는 아까운 물건들입니다. 예를 들면 지하철 입구에서 나누어 주는 홍보용 물건 같은 것들입니다. 그래서 저는 가능하면 공짜로 준다고 해도 이런 물건들은 집으로 가져오지 않습니다. 그리고 정리되지 않고 섞여 있는 물건입니다. 자주 사용하는데 이곳 저곳에 흩어져 있는 물건들이 있습니다. 저는 한때 무려 여섯 개의 가위를 집안 곳곳에 두고 사용하고 있었습니다. 손이 가는 곳마다 가위가 하나씩 있더군요. 급히 사용하기 위해 편의점에서 산 저렴한 가위부터 비싸게 산 수입 가위까지 종류도 다양했습니다. 그런데 지금은 모두 정리하고 사용할 때마다 기분이 좋아지는 제일 좋은 가위 두 개만 남겨 두었습니다. 같은 종류의 물건은 한 곳에 잘 모아 두는 것이 물건을 찾기도 쉽고 잃어버리지도 않습니다. 집중력 있는 미니멀 라이프라는 것이 이런 것입니다.

필요하지만 당장 사용할 수 없는 물건들도 우리의 주의력을 분산시킵니다. 배터리가 없어 더이상 움직이지 않는 물건, 그렇다고 계속 쓸 것 같지도 않은 물건, 그림에 비유하면 그리다가 중단한 그림, 책으로는 읽다가 만 책입니다. 끝까지 읽자니 딱히 그럴 필요까지는 없을 것 같고, 그렇다고 중간에 읽기를 포기하려니 뭔가 읽어온 게 아깝고. 이런 것들은 뭔가 끝나지 않고 마무리되지 않은 일처럼 계속해서 신경 쓰이게 하고 자꾸만 생각나게 합니다. 그래서 과감하게 결정해야 합니다. 버릴 것인지 다시 쓸 수 있게 둘 것인지 혹은 그만 읽을 것인지. 계속 찜찜한 상태로 두지 말고 확실하게 의사 결정하는 것이 에너지를 아끼는 길입니다.

선물로 받은 물건들도 정리하기가 애매합니다. 주신 분의 정성을 생각하면 버리기가 어렵고 그렇다고 사용하기에는 자신의 취향에 맞지 않는 경우가 있습니다. 이런 것들이 은근히 많습니다. 함부로 버리지 못하니 점점 쌓여가는 경우도 많고요. 저는 소중한 사람이 준 선물도 꼭 필요한 것이 아니라면 사진을 찍고 과감히 정리해야 한다고 생각합니다.

잡동사니는 에너지를 잡아먹는 주범입니다. 에너지가 높은 사람들은 잡동사니가 없고 깨끗하지만, 잡동사니가 많은 사람은 늘 피곤하고 에너지가 부족합니다. 보이지 않는 곳에 숨겨져 있어도 우리는 느낄 수 있습니다. 왜냐하면, 나 자신이 그것을 잘 알고 있기 때문입니다. 잡동사니에 둘러싸여 있으면 우리는 무기력하고 과거에 집착하며 일을 자꾸만 미루게 됩니다. 결혼한 지 얼마 안 된 신혼부부의 집, 막 입사한 신입 사원의 책상, 새로 입주한 아파트 등을 생각해 보세요. 이 장소들의 공통점은 바로 깨끗하다는 것입니다.

새로 시작할 때는 깨끗합니다. 그런데 왜 점점 잡동사니가 쌓이면서 우리 주변은 엉망이 되는 것일까요? 버리지 못하기 때문입니다. '정리'와 '정돈'의 차이는 바로 '버리기'입니다. 정리와 정돈이 헷갈리시면 '정리해고'를 생각해 보세요. 회사에 불필요한 사람을 내보내는 것이 정리해고죠. (^^;) 즉, 더이상 필요가 없는 물건을 처리하는 것이 '정리'이고, 남아 있는 물건을 즉시 사용 가능한 상태로 만들어서 적당한 위치에 두는 것이 '정돈'입니다.

버리지 못하고 자꾸만 쟁여놓게 되는 물건들, 우리가 이렇게 쌓아두는 데에는 몇 가지 이유가 있습니다. 첫 번째는 언젠가는 필요하겠지 하는 생각 때문입니다. 물론 한동안 사용하지 않다가 다시 그 물건을 사용할 때가 올 수도 있습니다. 그러나 그때까지 이 물건을 보관해야 하는 부담이 있고 막상 필요할 때면 더 좋은 최신형의 제품이 나올 것 같다면 과감하게 정리하는 것이 좋습니다. 두 번째는 그 물건과 나를 동일시하는 생각입니다. 좋은 에너지는 소유한 물건에서 나오는 것이 아니라 그 물건을 통해 사람들을 만나고, 나에게는 필요가 없어진 물건이 누군가에게 요긴하게 사용될 때 생깁니다. 세 번째는 과거의 경험 때문입니다. 어떤 경험이냐 하면, 우리는 어린 시절부터 부모님으로부터 '아껴야 잘 산다'라는 말을 항상 들으며 자랐습니다. 전쟁을 경험한 우리 이전 세대에서는 부족한 자원으로 인해 물건에 대한 집착이 어느 세대보다 강했습니다. 그런 영향을 우리도 알게 모르게 받고 있습니다. 그래서 한 번 들어온 물건은 가치를 완전히 뽑을 때까지 절대 안 버립니다. 마지막은 기념품이나 선물 같은 것들인데, 추억이 담긴 소중한 물건이라 생각하기 때문입니다. 20년이 넘은 연애편지들, 10년이 훌쩍 넘은 아이들의 초등 미술 시간 작품들은 소중한 추억이 담겨 있는 물건입니다. 하지만 집안 한쪽 구석에 먼지만 쌓인 채 버려져 있다면 사진을 찍고 본인의 동의를 얻은 후 얼른 정리해야 합니다.

저는 최근에 이사하면서 많은 잡동사니를 정리했습니다. 오래전에 샀던 유행이 지난 옷, 너무 낡아 버린 신발, 이제는 플레이어가 없어서 더이상 들을 수 없게 된 수많은 CD들 그리고 다시는 읽을 것 같지 않은 책들. 버려도 버려도 숨겨져 있던 잡동사니가 계속 나오더군요. 이 과정에서 깨달은 것이 하나 있습니다. 바로 세상의 모든 물건에는 수명이 있다는 것입니다. 즉, 정해진 유효 기간이 지나면 놓아주어야 합니다. 우리가 해야 할 일은 함께 있는 동안 경험과 추억을 얻고 성장하며 지혜로운 사람이 되는 것, 손과 몸에 남는 것은 최소로 줄이고 머리와 가슴에 경험과 추억으로 남기는 것. 이런 인생이 바람직한 인생이자 행복한 인생입니다.

미니멀 라이프는 결국 행복하고 평화로운 일상을 위한 기술일 뿐입니다. 아무리 많은 물건을 가지고 있어도 모든 물건이 나를 행복하게 해 준다면 그리고 어느 물건이 어디에 있는지 알고 있다면 전부 가지고 있어도 좋습니다. 하지만 그렇지 않다면 미니멀하게 만들어야 합니다. 관리할 수 있는 수준으로만 좋아하는 것을 소유하고 마음의 평정을 유지하며 사는 게 행복하게 사는 것입니다. 이것은 단지 물건에만 해당하는 것이 아니라 일상생활, 업무 공간, 디지털 콘텐츠(음악, 사진, 문서 등), 머릿속 생각 등 모든 것에 해당합니다.

우리는 완벽을 추구하려는 것이 아닙니다. 다만 잡동사니를 슬기롭게 정리하고 삶을 즐기려는 것입니다. 이렇게 하면 매일의 삶 속에서 여유를 만들어 내고 나머지 시간에 나만의 예술, 그림 그리기에 집중할 수 있습니다. 이렇듯 미니멀 라이프는 진짜 원하는 삶에 집중할 수 있도록 도와줍니다.

⑰

예술가의 시간관리

저는 16년 동안 직장 생활을 하고 1인 기업가로 독립했습니다. 직원이 1,000명이 넘는 대기업 계열사에서도 일해 보고 외국계 기업에서도 일해봤습니다. 대부분 직장인들이 비슷한 경험을 하고 있겠지만, 직장에서는 게으름을 피우지 않고 부지런히 일해도 늘 시간에 쫓깁니다. 직장에서의 시간, 개인적인 시간, 가족과의 시간 등을 균형 있게 가지고 싶지만 항상 마음대로 되지 않을 때가 많습니다. 그럴 때는 살짝 짜증이 나기도 하고 무기력감이 밀려오기도 합니다. 저는 1인 기업으로 독립을 하고 나서야 왜 항상 시간이 부족한지 그 이유를 비로소 알게 되었습니다.

소중한 것부터 먼저 하기의 함정

직장 생활을 시작한 지 얼마 되지 않은 2000년 초반이었습니다. 스티븐 코비가 쓴 『성공하는 사람들의 7가지 습관』을 읽었습니다. 당시 한국은 물론이고 전 세계로 번역되면서 엄청난 판매고를 올린 베스트셀러였습니다. 당연히 우리나라에서도 나오자마자 폭발적 인기를 끌었고요. 저 역시도 이 책을 읽고 꽤 큰, 마음의 울림을 느꼈습니다. 그러고는 이 책에서 강조하는 '소중한 것 먼저 하기'를 실행에 옮기고 싶었습니다. 이 책의 일곱 개의 습관 중 세 번째 습관이 바로 '소중한 것을 먼저 하라(Put first things first)'인데, 긴급함이 아니라 중요함을 기반으로 업무 우선순위를 정하고 일하라는 내용이었습니다.

소중한 것을 먼저 하기 위해서는 적당한 도구가 필요했겠죠. 저는 이때부터 프랭클린 플래너를 쓰기 시작했습니다. 거의 7년간 정말 열심히 사용했습니다. 그리고 잘 활용하기 위해 시간을 내서 교육도 받았습니다. 그런데, 그럼에도 저의 일은 여전히 줄어들지가 않았습니다. 아무리 소중한 것을 먼저 하려고 해도 여의치 않는 경우가 많았습니다. 언제나 내가 해야 하는 일이 쏟아져 들어왔고, 이 일들에 우선순위를 부여하려 해도 내 마음대로 우선순위를 정할 수 없었습니다. 그러다 보니 우선순위가 아니라 급한 순서대로 일을 처리할 수밖에 없었습니다. 이렇게 하면 안 된다는 것은 알지만 그럴 수 없다는 것에 마음만 계속해서 혼란스러웠습니다.

그렇게 7년을 노력한 후에 깨달았습니다. 조직 안에서는 아무리 내가 노력을 해도 내게 소중한 것을 먼저 할 권한이 없다는 것을. 1인 기업을 만들어 일하고 있는 지금은 내가 소중하게 생각하는 것부터 먼저 할 수 있는 상황이 되었지만, 조직 안에서 다른 사람들과 함께 일을 할 때는 불가능했습니다. 그 당시 저에게 필요한 능력은 오히려 닥치는 대로 일을 처리해 버리는 능력이었습니다. 그렇게 생각하고서 관심을 가지게 된 것이 바로 GTD(Getting Things Done)라는 일 처리 방법입니다. 이 방법은 데이비드 앨런이라는 분이 만든 것으로 우리나라에서는 『쏟아지는 일 완벽하게 해내는 법』이라는 책이 출간되면서 알려지기 시작했습니다.

GTD

GTD는 일종의 일 처리 방법론입니다. 정해진 방법에 따라 할 일을 적절하게 분류하고 처리하는 것을 말합니다. 소중한 일을 먼저 하는 것이 아니라 우선 현 상황에서 처리 가능한 급한 일부터 처리하고 여유가 생기면 큰 계획을 마련하는 것입니다. 이를 통해 마음의 평화와 성취감을 얻을 수 있는 방법입니다. GTD의 장점은 무언가를 기억하기 위해 애쓰지 않아도 된다는 것입니다. 즉, 머리를 비울 수 있고 생각이 섞이지 않는 장점이 있습니다. 급한 일부터 해내고 나서 빨리 마음의 평화를 얻는 것이 낫다고 주장하는 것이 GTD의 핵심입니다.

GTD는 수집 – 분류 – 검토 - 실행의 네 가지 단계를 거쳐 이루어집니다. 먼저 수집은 머릿속에 있는 모든 것을 인박스(Inbox)에 넣는 단계입니다. 인박스에는 내가 해야 할 모든 일이 기록되어 있습니다. 스마트폰 앱이나 PC 프로그램 혹은 다이어리 등으로 기록합니다. 그리고 이왕이면 여러 가지 도구가 아닌 하나의 도구 안에 몽땅 집어넣는 것이 좋습니다. 이렇게 수집 단계는 머릿속에 있는 것들을 몽땅 꺼내 '나 이거 해야 하는데' 하고 골라내는 일입니다. 그리고 머리를 완전히 비울 때까지 계속해서 골라내는 게 중요합니다. 처음 할 때는 2~3시간 이상 걸릴 수도 있습니다. 온라인상의 각종 대기하고 있는 일들(각종 문서, 이메일 등), 해야 할 일, 그리고 그 주변의 일들(책상 주변 정돈, 영수증, 메모지 처리)까지도 모두 인박스의 작업물로 넣어야 합니다. 여기서 '작업물'의 의미는 해야 하는 일과 결과물을 의미합니다.

다음으로는 분류 단계입니다. 인박스에 모인 작업물을

하나씩 분류하고 가공하는 단계입니다. 일정을 설정하고 상황에 따른 분류를 합니다. 예를 들면 '집에서, 사무실에서, 전화로, 인터넷으로' 등으로 분류할 수 있습니다. 분류할 때는 적당하게 가공을 합니다. 즉 각각의 작업에 할 일 + 마감일 + 산출물 등을 기록하는 것입니다. 그리고 작업 유형을 정합니다. 예를 들면 '결정하기, 작성하기, 만들기, 제출하기, 회신하기, 통화하기, 구입하기' 등입니다. 명사로는 보고서, 회의록, 이메일, 계획서, 시안 등과 같이 작업의 산출물을 명시하고, 동사로는 무슨 행동을 해야 하는지를 정합니다. 예를 들면 '금요일 오전 10시까지 ○○에게 이메일 회신하기' '월요일 오후 2시까지 계획서 초안 만들기' 등으로 가공할 수 있습니다.

이제 검토 단계입니다. 모든 작업이 인박스 안에 잘 정리되어 들어갔다면 실행에 앞서서 하나씩 검토를 합니다. 스티븐 코비의 '소중한 것 먼저 하기'와 가장 큰 차이가 있는 것이 바로 이 검토 단계입니다. 작업을 처리하기 전에 지금의 상황을 생각해 봅니다. 온라인에 접속 중인가? 집

혹은 회사에 있는가? 이동 중인가? 등을 고려해서 현재 상황에서 처리 가능한 작업을 선택하고 그 일을 합니다. 그리고 지금 나에게 주어진 시간은 얼마나 있는지를 생각합니다. 이 작업을 처리하는 데 시간은 충분한지를 검토합니다. 만약 지금 당장 10분 정도의 시간밖에 없다면 10분 안에 처리할 수 있는 다른 일을 선택합니다. 그리고 시간이 넉넉하다면 자신의 에너지는 충분한지를 생각합니다. 만일 너무 피곤해 집중력이 떨어져 있다면, 지금 상태에서 할 수 있는 일이 무엇인지를 살펴보고 그 일을 선택합니다. 이제 작업을 할 수 있는 상황도 되고, 시간도 있고, 에너지도 충분하다면 남아있는 작업 중에서 중요한 것을 선택해서 처리합니다.

마지막 실행 단계입니다. 실행할 수 있는 작업을 선택했습니다. 이제 몇 가지 판단 근거에 맞춰 YES/NO를 선택합니다. 지금 내가 해야 하는 일인가? 만일 5분 이내에 처리 가능하다면 즉시 실행으로 옮겨 처리합니다. 타인의 도움이 필요한 작업이라면 요청을 하거나 위임을 합니다.

나 이외에 할 수 있는 사람은 없지만 지금 할 수 있는 상황이 아니라면 캘린더에 새로운 일정을 잡고 연기합니다. 반대로 지금 당장 안 해도 될 일이라면 참고용 폴더를 하나 만들어 그곳에 넣어 둡니다. 또는 날짜가 지정된 폴더를 만들어 두고 거기에 해당 일을 넣어둔 다음 주기적으로 확인합니다. 참고할 필요도 없고 나중에 볼일도 없는 일이라면 미련 없이 쓰레기통으로 버립니다.

GTD 도구 선택

GTD를 나만의 시간 관리 습관으로 만들려면 적당한 도구가 필요합니다. 물론 특별한 도구를 사용하지 않고 노트와 펜만으로도 가능합니다. 그러나 적당한 도구가 있다면 좀 더 쉽게 습관으로 만들 수 있습니다.

습관을 만드는 도구를 선택할 때는 매일 사용하는 것이므로 인터페이스가 예쁘고, 너무 기능이 많거나 복잡하지 않고 사용 방법이 쉬운 것이 좋습니다. 또한 스마트폰,

PC, 태블릿 등에서 함께 사용할 수 있도록 클라우드로 동기화가 되는 것이 좋습니다. 마이크로소프트사에서 만든 'To Do'와 같은 훌륭한 무료 앱도 있지만, 필요하면 돈을 내고 마음에 드는 유료 앱을 사는 것도 좋습니다. 한번 구입하면 거의 평생을 쓸 수 있습니다.

제가 추천하는 프로그램은 컬쳐드 코드사에서 제작한 띵즈(Things)라는 프로그램입니다. 벌써 8년 가까이 사용 중인데 화면이 아름답고 프로그램을 사용하는 즐거움을 느끼게 해줍니다. 하나의 업무를 끝낸 다음 체크 박스에 체크하는 쾌감이 정말 즐겁습니다. 단점은 MacOS 전용으로 윈도우즈 사용자는 사용할 수 없고 가격이 다소 부담스럽다는 점입니다. 그러나 평생 나와 함께 내 일을 정리해주는 도구인 만큼 저는 충분히 납득할 수 있는 가격이라 생각합니다.

시간에는 두 가지 종류가 있습니다. 바로 질(Quality)적인 시간과 양(Quantity)적인 시간입니다. 직장에서의 시간은 질적인 시간입니다. 그래서 얼마나 많은 시간을 직장에서 머무느냐가 중요한 것이 아니라 내가 쓰는 시간을 통해 어떤 성과를 만들어 내느냐가 더 중요합니다. 따라서 질적인 시간을 위해서는 집중력이 필요합니다. 양적인 시간은 자기 자신이나 가족, 사랑하는 사람과 함께 하는 시간입니다. 즉, 절대적인 양이 필요한 시간입니다. 예를 들어 매일 아내와 30분 이상 대화를 하고, 자녀들과 함께 한 시간 이상을 같이 놀고, 매일 나를 위한 그림 그리는 시간을 확보하는 것 등이 여기에 해당합니다.

시간 관리의 핵심은 바로 이것입니다. 집중력을 높여 질적인 시간으로 성과를 높이고, 양적인 시간을 확보해서 자신과 사랑하는 사람 그리고 그림을 위해 사용하는 것. 이것이 바로 제가 생각하는 예술가의 시간 관리입니다.

그림을 매일 그리면 벌어지는 일

　이번에는 제 아들 얘기를 하려고 합니다. 아들은 현재 8만 명이 넘는 구독자를 가진 글로벌 인기 유튜버입니다.

　2020년, 고3이 된 아들은 대학을 가지 않겠다고 선언을 했습니다. 그리고 우리 가족은 가족회의를 통해서 아들의 결정을 존중하기로 했습니다. 당시 주변 지인들은 아들의 결정과 앞으로의 진로에 대해 다소 걱정을 표하기도 했지만 대부분은 응원을 보내주었습니다.

　아들은 어릴 적부터 레고 조립과 그림 그리기를 좋아했습니다. 그래서 틈만 나면 저와 함께 레고를 만들고 주말에는 야외 스케치를 같이 다녔습니다. 중3이 되어서는 예술 고등학교에 진학하고 싶어서 1년간 입시 미술 학원에 다니기도 했습니다. 그런데 놀랍게도 미술을 좋아하는 아들은 입시 미술을 준비하면서 난생처음 미술이 싫어지는 경험을 했다고 합니다. 사람은 누구나 각자의 스타일이 있는데, 입시 미술의 정해진 규칙 안에 자신의 그림 스타일을 억지로 구겨 넣는 것이 굉장히 힘든 일이었다고 합니다. 아들은 대상을 음미하듯 천천히 즐기면서 자신만의 스타일로 그림을 완성하고 싶어 했지만, 입시 미술은 정해진 시간 안에 주어진 과제를 정확히 그려내야 하는 그림이다 보니 아들은 그 과정을 힘들어했습니다. 그래서 예술 고등학교 진학의 꿈은 접어버리고 대신 일반 고교로 진학하고 누구의 간섭도 없이 자신만의 스타일로 다양한 그림 도구와 재료를 실험하며 자신의 그림 스타일을 만들어 가고 있습니다.

그리고 고3이 되기 직전인 지난 겨울 방학에 자신의 유튜브 채널을 개설하고 자신의 작품을 하나씩 업로드 하기 시작했습니다. 그런데 이렇게 시작한 유튜브가 아무도 예상치 못하는 결과를 만들었습니다.

아들의 유튜브 채널

2020년 2월은 전 세계가 코로나 19의 공포에 휩싸이기 시작한 시기입니다. 사람들은 외출과 야외 활동을 자제하고 대면 접촉을 피하는 등 집에서 보내는 시간을 늘리기 시작했습니다. 그 때문인지 이 기간에 구독자가 몇백 명 수준이던 유튜브 채널이 순식간에 몇만 명 수준으로 급격하게 늘어났습니다. 한마디로 구독자 그래프가 우측 상단으로 치솟아 올랐는데요, 이런 현상을 속칭 '떡상'이라고 합니다. (^^;)

인기 있는 영상은 재상 횟수가 무려 60만 번 이상을 기록하고 수천 개의 댓글이 달리기도 했습니다. '도무지 알 수 없는' 유튜브의 추천 알고리즘 덕분에 동남아, 중동, 남미 등의 외국에서도 많은 사람이 영상을 시청하고 좋아요

버튼을 누르고, 댓글을 달고 구독을 하기 시작했습니다. 그 덕분에 아들은 졸지에 영어로 자막을 만들고 댓글을 달아주는 글로벌 인기 유튜버가 돼 버렸습니다. 이제 아들의 꿈은 10만 명의 구독자를 만들어서 실버 버튼을 받는 것입니다.

유튜브 채널을 10년 가까이 운영한 저도 구독자가 겨우 3천 명 수준인데, 1년도 안 되는 시간 동안 아들의 채널이 몇만 명의 구독자를 가지게 된 비결은 무엇일까요? 옆에서 아들을 지켜보며 몇 가지 그 비결을 생각해 보았습니다.

첫 번째는 영상과 사운드입니다. 아들이 사용하는 촬영 장비는 제가 물려준 10년도 훌쩍 넘은 낡은 DSLR(캐논 EOS 5D mk2, 렌즈 24-105mm F4L)카메라입니다. 제가 구입하던 당시에는 DSLR 카메라에도 동영상 촬영 기능이 막 추가되던 시기였습니다. 요즈음 출시되는 최신 장비에서는 상상하기 힘들겠지만 초점을 수동으로 제어해야 하는 장비입니다. 즉, 촬영이 시작되기 전에는 초점을 자동으로 잡을 수 있지만 일단 동영상 촬영이 시작되면 초점을 수동으로 조작해야 하는 불편함이 있는 카메라입니다. 그런데도 이 카메라로 만드는 영상은 보는 사람의 마음을 무척이나 평화롭고 따뜻하게 만들어주는 묘한 매력을 가지고 있습니다. 캐논 카메라 특유의 색감이 따뜻함을 더해 준다고 해야 할까요(캐논 제품을 써보신 분들은 아실겁니다). 그리고 인공조명을 거의 사용하지 않고 창가에서 자연광을 이용해 주로 오후 3시~5시 사이에 촬영을 합니다. 또한 종이 위에 연필이 사각사각 지나가는 소리, 물통에 붓을 씻는 소리, 캔버스에 물감이 칠해지는 소리 등을 담기 위해 독특한 모습의 샷건 마이크를 이용해 ASMR(Autonomous Sensory Meridian Response, 자율 감각 쾌감 반응) 소리를 녹음합니다. 요즘 유튜브는 영상도 중요하지만 사운드도 중요하게 봅니다. 그런 관점에서 보면 아들이 올리는 영상은 색감과 사운드가 잘 조화되면서 보는 이들에게 감성적 어필이 가능한 요소를 갖고 있습니다.

두 번째는 아들의 그림 실력입니다. 어려서부터 그림을 좋아했고 중3 때 잠시 입시 미술 공부를 했지만 일반고로 진학했고, 저와 오랫동안 같이 그림을 그렸습니다. 저와는 달리 매우 감성적이고 따뜻한 그림체를 가졌습니다. 색연필과 파스텔을 찰필(분말형 재료를 곱게 펴 바를 때 사용하는 종이연필)로 꼼꼼하게 작업하고, 그 위에 선을 그리는 스타일은 많은 사람들에게 따라 그리고 싶다는 생각을 들게 하는 그림체입니다. 그래서 인스타그램에서는 아들의 그림 스타일을 따라 한 뒤 태그로 #오토otto 를 붙이는 작품을 많이 볼 수 있습니다. 벌써 자신만의 그림 스타일을 만들고 그걸 사람들로부터 인정받았다고 할 수 있습니다.

세 번째는 친절함입니다. 아들은 매우 이타적입니다. 이 녀석이 영상을 만들고 공유하는 가장 큰 목적은 다른 사람도 쉽고 재미있게 그림을 그릴 수 있도록 도와주기 위함입니다. 그래서인지 영상을 보게 되면 다른 사람들이 쉽게 보고 따라 할 수 있도록 안내합니다. 재료를 어디서 어떻게 구할 수 있는지까지도 친절하게 알려주고 있습니다. 그리고 거의 모든 코멘트에 친절하고 위트있는 댓글을 남깁니다. 아들이 집 주변에서 볼 수 있는 생활용품 잡화점에서 3천 원짜리 아크릴 물감을 산 후, 멋진 그림으로 완성해 가는 영상은 무려 60만이 넘는 조회 수와 2천 개가 넘는 댓글이 달렸습니다.

네 번째는 꾸준함인 것 같습니다. 아들의 영상 제작 과정을 보게 되면 정말 정성이 가득합니다. 자연스러운 광원을 확보하기 위해 적당한 때를 기다리고 촬영과 편집도 정말 정성껏 합니다. 만일 누가 시켜서 하는 거라면 절대로 하지 못할 사소한 것에도 정성을 쏟아 작업합니다. 분명 본인이 즐거우니까 이렇게 정성을 다해서 영상을 만드는 것이겠지요. 그래서 영상을 많이 만들지는 못합니다. 10분 분량의 영상 하나를 만드는데 거의 일주일 정도가 소요되는 것 같습니다. 그렇지만 그림을 좋아하는 것만큼 영상 작업도 멈추지 않고 꾸준하게 하고 있습니다.

아무튼, 도무지 알 수 없는 유튜브의 추천 덕분에 아들이 만든 그림 그리기 영상은 현재 전 세계 시청자들에게 큰 인기를 얻고 있습니다. 예전에 언어와 문화의 장벽을 넘어서 글로벌하게 인기를 얻을 수 있는 콘텐츠가 무엇이 있을까를 생각해 본 적이 있습니다. 음악, 미술과 같은 예술 분야 그리고 고양이와 강아지 등과 같은 반려동물 이야기 그리고 뷰티 등의 영역은 국내에만 한정되지 않고, 전 세계에서도 통할 수 있는 분야라 생각했습니다. 아들의 영상은 의도된 것은 아니지만 그런 글로벌 콘텐츠로서의 요건을 갖춘 셈입니다. 그림이라는 세계 만국의 언어, 그리고 영상에서는 말이 거의 없고, 그림 그리는 과정의 사운드만 입혀져 현장감을 살리고, 그림에 대한 설명은 자막으로만 올리고, 그 결과 한국만이 아닌 전 세계적인 인기를 얻을 수 있게 된 것 같습니다. 요즘은 영어 자막에 대한 요청은 물론이고, 영상의 자막을 이해하기 위해 한국어를 배우겠다는 외국인의 댓글도 심심찮게 볼 수 있습니다.

많은 분들이 유튜브를 시작하며 큰 꿈을 품습니다. 그것은 바로 유튜브로 돈을 벌겠다는 꿈입니다. 하지만 유튜브로 수익을 내는 것은 생각처럼 쉽지가 않습니다. 자칫 경제적 이익을 목표로 유튜브를 시작했다면 6개월을 버티지도 못하고 그만둘 분들이 많을 것입니다. 그래서 저는 자신이 좋아하는 것을 꾸준하게 기록으로 남기며 이것이 다른 사람에게도 도움이 될 거라는 소박한 계기를 가지고 시작하는 것이 무엇보다 중요하다고 생각합니다. 사실 유튜브의 진정한 힘은 광고 수익이 아닙니다. 자신의 취미가 새로운 비즈니스 영역으로 확장될 기회를 만들어 주는 것이라 할 수 있습니다.

아들에게는 벌써 몇 가지 영역에서 비즈니스 기회가 만들어지고 있습니다. 현재 아들은 한 미술용품 사이트에서 다양한 미술 재료를 후원받고 있습니다. (물론 동영상에서는 미술 재료들을 후원받고 있다는 사실을 미리 밝히고 있습니다.) 그리고 어느 출판사로부터는 20대~30대 여성을 타깃으로 하는 그림 관련 실용서 출간을 제안받았습니다. 저처럼 아들도 작가가 되는 거지요. 또, 케이블 TV에 그림 그리는 과정을 담은 짧은 동영상을 제공하고도 있습니다. 그리고 최근에는 국내에서 가장 많은 사용자를 가진 온라인 교육 사이트에서 아들의 클래스를 개설하는 논의도 진행하고 있습니다.

지금 제가 이 글을 쓰고 있는 순간에도 아들은 영상을 편집하고 있습니다. 아무도 가르쳐주는 사람 없이 독학으로 시작했는데, 지금은 수준급의 편집 실력을 갖추고 있습니다. 자신이 좋아하는 일을 일찍 발견하고 그것에 재미와 의미를 느낀다면 그 삶은 정말 행복한 삶입니다. 꾸준하게 그림을 그리고 영상을 만들고 전 세계의 사람들과 소통하는 아들을 보면서 이 녀석은 정말 행운아라는 생각이 듭니다.

꾸준히 그림을 그리는 습관, 이제 단순하게만 볼 일은 아니죠? 그렇다고 여러분들도 유튜브 채널을 열고 그림 그리는 영상을 찍어서 올리라는 뜻에서 드리는 말씀은 아닙니다. 좋아하는 일을 매일 한다는 것, 그러다 보면 예상치 않게 행운이 찾아온다는 것, 그것을 말씀드리고 싶을 뿐입니다.

⓵⓽

코로나 이후의 세상

2020년의 시작과 함께 충격으로 다가온 코로나 19. 저에게는 1인 기업 독립 6년 차에 찾아온 거대한 위기였습니다. 기업, 학교, 관공서 등으로 그림 그리기 강의를 하는 저에게 코로나 초기 상황은 그야말로 '멘붕'이었습니다. 예정된 강의의 90%가 취소되는 일들이 일어났습니다. 하지만 1년이라는 시간도 지나고, 지금은 이 상황에서도 뭔가 새로운 희망을 찾고 그동안 해보지 못한 것들을 시도한 한 해였다고 생각합니다. 아직 코로나 이전 수준으로 강의 횟수가 회복된 것은 아니지만 70% 이상을 비대면(온라인)

수업으로 진행하는 등 나름 자구책을 마련해나가고 있습니다.

온라인 수업의 장단점

강사로서 비대면 온라인 수업의 장점은 무엇보다 이동 시간을 아낄 수 있다는 데 있습니다. 저는 이점이 가장 큰 장점이라고 생각합니다. 전국으로 강의를 다니다 보면 두 시간 강의를 위해 왕복 여섯 시간을 이동하는 경우가 허다합니다. 그런데 온라인 강의는 이동에 필요한 시간이 거의 영에 가깝습니다. 그리고 일정을 잘만 맞출 수 있다면 오전, 오후, 저녁 등 하루 세 번의 강의도 가능합니다. 비대면 수업이 아닌 오프라인 수업에서는 하루 한 차례 이상 하는 강의는 힘들었습니다. 하지만 비대면으로 하는 수업은 정해진 장소로 이동하는 일이 필요 없다 보니 체력적 피곤함이 사라져서 참 좋았습니다(6시간 동안 열차를 타는 것은 건강한 저에게도 육체적으로 힘든 일입니다). 그로 인해 일과 삶의 균형을 찾기 쉬워졌고 좀 더 다양한 배움과 창작에 도전할 수 있게 되었습니다. 그림 선생님은 그림을 가르치는 일도 즐겁지만 자신의 그림도 그려야 행복하답니다. (^^)

오프라인에서 두 시간 이상을 강의하는 경우, 중간에 반드시 10분 전후의 휴식 시간을 갖습니다. 그런데 강의장에서는 휴식 시간이 마냥 쉬는 시간이 아닌 경우가 많습니다. 강사를 위해 별도의 휴게 공간을 마련하기 어렵다 보니 쉬는 시간이지만 수강생들의 질문을 받거나 수강생들의 그림을 봐주거나 하는 일이 계속 이어지는 경우가 많습니다. 그러나 온라인 강의에서는 카메라와 마이크만 끄면 정말 완벽하게 편한 휴식을 취할 수 있습니다. 이점은 수업하는 저뿐만 아니라 수업을 듣는 수강생 입장에서도 마찬가지 장점입니다.

그리고 대부분의 온라인 중계 서비스를 제공해주는 프로그램에는 녹화 기능이 포함되어 있습니다. 이 녹화 기능은 사정이 있어 정해진 시간에 참석 못 하는 경우, 혹은 배운 것을 나중에 다시 보고자 하는 경우, 그런 분들에게 정말 좋은 서비스가 됩니다. 자신의 강의가 녹화되어 반복 재생된다는 것이 강사에게는 어쩌면 불리하게 느껴질 수도 있지만, 녹화 여부는 강사가 스스로 결정할 수 있고 보기 가능한 기간을 정할 수도 있으니 필요에 따라 적절히 사용할 수 있습니다. 아무튼 이런 기능을 사용할 수 있다는 것은 개인적으로는 큰 장점이라고 생각합니다.

강의장에는 통상 최신형 빔프로젝터와 대형 스크린을 갖추고 있습니다. 그렇지만 시설이 잘 갖춰진 강의장이라고 해도 뒤쪽에 앉은 사람은 아무래도 앞사람에 비하면 강의 화면이 잘 보이지 않는 문제가 있습니다. 특히 PC에서 동작하는 프로그램 활용법 강의라면 이 문제는 더욱 심각해집니다. 화면으로 크게 띄운다고 해도 작은 버튼을 클릭하는 것까지 자세히 보여주기에는 한계가 있습니다. 하지만 온라인 교육에서는 자리에 상관없이 강사 얼굴은 물론이고, 발표 자료도 잘 보이고, 음성도 마치 옆에서 이야기해 주는 것처럼 또렷하게 들리게 할 수 있습니다. 물론 고품질의 화면과 음향을 위해서는 빠른 네트워크 속도와 풍부한 조명 그리고 고품질의 마이크는 당연히 필수적인 조건입니다.

많이들 사용하는 온라인 강의 플랫폼에 줌(Zoom)이 있습니다. 줌의 여러 가지 기능 중 개인적으로 제일 마음에 드는 것은 바로 가상 배경을 사용할 수 있는 기능입니다. 가상 배경을 사용하게 되면 내 뒤의 정돈되지 못한 공간을 숨길 수 있습니다. 그리고 특정 이미지가 나오게 할 수도 있습니다. 제 뒤편으로 제가 그린 작품을 배경으로 나오게 할 수도 있어서 저는 개인적으로 이 기능을 가장 좋아합니다. 제가 주로 사용하는 배경은 노란색의 실내가 인상적인 제주도의 어느 카페입니다. 이 배경을 사용하면 기분도 좋아지고 마치 제주도 바닷가 앞의 작은 카페 안에서 강의하는 기분이 들어 마음이 안정되고 참 좋습니다.

지금까지는 온라인 강의의 장점만 말씀드렸는데, 단점도 말씀드려야겠죠? 온라인 강의의 가장 아쉬운 점은 수강생의 즉각적인 피드백과 반응을 느끼기 어렵다는 점입니다. 마치 벽에 대고 혼자 이야기하는 느낌이 들 때가 있습니다. 그래서 체력이 빨리 소진되는 느낌도 듭니다. 또한 그림 수업의 경우 수강생들의 작품을 자세히 들여다보고 피드백을 해 주면 좋은데 이 부분에는 확실히 한계가 있을 수 밖에 없습니다. 그래서 PC화면의 여러 칸으로 나눠진 작은 창이지만, 그 속에서 수강생분의 리액션을 만나게 되면 무척이나 반갑고 고마운 생각이 듭니다.

처음에는 온라인 수업에도 요령이 없어서 계속해서 쉬지 않고 무언가를 말하고 해야 하는 압박감 같은 것이 있었습니다. 뭔가 정적을 허락하지 않는 느낌이었죠. 계속해서 뭔가가 움직이고 돌아가고 있다는 사인을 줘야 한다는 점에서 한시도 집중하지 않을 수 없었습니다. 시간은 더디 흐르는 것 같고 수강생들의 반응은 알 수가 없으니 뭔가 에너지를 주고받는 것도 없고, 그래서 처음에는 온라인 강의 시스템이 무척이나 힘들었습니다. 하지만 1년이 넘는 시간을 온라인으로 강의하다 보니 지금은 다양한 영상과 보조 자료를 이용해 매끄럽고 다이나믹하게(?) 강의를 진행하고 있습니다.

늘어난 재택근무

집 밖에서 일하는 것을 좋아하던 저는 항상 강의 시간보다 한두 시간 일찍 도착해서 강의장 근처의 카페에서 일하고는 했습니다. 그러나 코로나19는 저를 아예 집 밖으로 나가지 않는 사람으로 바꾸어 놓았습니다. 집에서 강의, 작업, 집필, 창작 등을 하다 보니 집에서 일할 때의 좋은 점들이 또 보이기 시작했습니다.

제가 제일 먼저 들고 싶은 재택근무의 장점은 음악입니다. 아무리 좋은 카페도 내 마음대로 할 수 없는 것이 바로 음악입니다. 하지만 집에서는 좋아하는 음악을 틀어 놓고 즐거운 마음으로 작업할 수가 있습니다. 저는 24시간 내내 재즈만 무료로 들을 수 있는 'Radio Swiss Jazz'라는 채널을 좋아합니다. 그리고 최근에는 한국에서 서비스를 개시한 스포티파이도 종종 이용합니다. 3개월간 무료로 이용할 수 있고, 'study(공부)'나 'concentration(집중)' 단어를 검색하면 집에서 일할 때 적절히 들을 수 있는 음악

을 추천해줍니다. 저는 지금 이 글도 음악을 들으며 쓰고 있답니다. (^^)

저는 집에서 일할 때 저를 위한 별도의 작업실이 있음에도 불구하고 주방의 6인용 식탁에서 일하는 걸 즐겨합니다. 거실 너머 창가 햇살도 느껴지고 아무래도 방보다는 거실의 공간감이 있다보니, 좋아하는 음악을 틀어놓고 일을 하다 보면 마치 어느 카페에 와서 일하는 느낌이 듭니다.

집에서 일할 때는 가족 이외에는 보는 사람이 없으니 편안한 복장(때로는 잠옷)을 입고 일할 때도 있습니다. 하지만 왠지 일하고 있다는 느낌이 들지 않더군요. 그래서 요즘음은 정장까지는 아니지만 당장 집 밖으로 나가도 별문제 없는 복장으로 일하고 있습니다. 최소한의 복장이 일의 자세를 만들어 준다고 해야 할까요?

재택근무가 일상이 되면서 몇 가지 새로 산 장비들도 있습니다. 먼저 대형 모니터입니다. 그전에는 16인치 맥북프로에 MacOS의 사이드카 기능을 이용해 13인치 아이패드를 듀얼 모니터로 사용했습니다. 이동이 많은 외부에서는 아이패드가 훌륭한 듀얼 모니터 역할을 했습니다. 하지만 집에서는 13인치가 아무래도 작게 느껴지더군요. 그래서 최근에 맥북프로에 연결할 수 있는 4K UHD 해상도를 가진 USB-C 타입 27인치 모니터를 새로 구입했습니다. 역시 큰 화면으로 보니 신세계더군요. 그리고 모니터 암도 함께 구입했는데, 세상에나 이 편리한 장비를 왜 예전에는 사용하지 않았나 싶을 정도였습니다. 작업할 때나 영상을 볼 때 그리고 강의할 때 등등 다양한 상황에 맞게 모니터의 위치를 바꿀 수 있어 정말 편리합니다.

모니터를 큰 것으로 바꾸고 나니 별도의 블루투스 키보드가 또 필요했습니다. 세상에는 정말 좋고 다양한 키보드가 있지만 저는 단순한 걸 좋아해서 애플의 순정 블루투스 키보드를 구매해서 쓰고 있습니다. 그리고 사운드에 대한 갈구. 거실에 충분히 괜찮은 스피커가 있지만 항상 거실에서 작업할 수 없다 보니 사운드에 대한 갈증이 또 생기더라고요. 노트북에 내장된 스피커로 온종일 음악을 듣기에는 귀가 좀 피곤하고, 그래서 책상 위에 올려놓을 수 있는 국

산 스피커 하나를 샀습니다. 한 달 정도의 에이징(Aging, 스피커 길들이기)이 끝나고 나니 정말 부드러운 소리를 들려줬습니다. 괜찮은 사운드는 업무의 효율과 만족감을 훨씬 높여준답니다. 좋아하는 음악을 들으며 작업하니 온종일 책상에 앉아 있어도 힘들지 않고 즐겁게 일할 수가 있습니다. 덕분에 2021년에는 더 많은 책을 쓸 수 있을 것 같습니다. (^^)

재택근무를 해보신 분들은 아시겠지만 재택근무 역시 장점만 있는 것은 아닙니다. 가장 큰 단점은 일과 사생활의 경계가 모호해진다는 점입니다. 작업하다 집안일을 하는 경우도 있고, 또 퇴근이라는 절차가 없다 보니 생각 이상으로 오랫동안 일을 하게 되는 경우도 생깁니다. 그러다 보니 어떤 날은 작업실에서 일하다 같은 공간에서 잠이 들고 아침에 눈을 뜨자마자 다시 일을 이어가는 경우도 있습니다. 퇴근이 아예 없다 보니 너무 늦게까지 일하다 자칫 건강이 악화하는 문제가 생기는 건 아닐까 하는 걱정이 되기도 합니다.

코로나 19로 인해 정말 많은 것이 순식간에 달라졌습니다. 모두 과거를 그리워하고 있습니다. 언젠가는 다시 돌아가겠지만 쉽사리 그 시간이 다시 돌아올 것 같지는 않습니다. 코로나로 인해 일은 줄었지만 온라인 교육을 하게 되면서 확보된 시간을 바탕으로 다양한 시도를 해보고 있습니다. 유튜브를 통해서는 언제 어디서나 무엇이든 배울 수 있습니다. 내가 궁금한 것, 내가 해보고 싶은 것들을 검색만 해도 전 세계에 있는 누군가가 먼저 올려둔 영상이나 글들을 쉽게 찾을 수 있습니다. 그로 인해 많은 시간과 노력을 아낄 수 있습니다. 그 덕분에 저는 지난 1년 동안 지금까지 해 오던 작업을 좀 더 다양한 방향으로 확장할 수 있었습니다. 수채화 작품이건, 일러스트 삽화이건, 비주얼씽킹 작업물이건, 3D 애니메이션이건 간에 뭔가 복잡하고 이해하기 어려운 것들도 랜선 너머의 누군가의 도움으로 시작할 수 있었습니다. 코로나19가 우리 사회를 위협해도 우리 모두는 결국 이를 극복해내고 새로운 삶의 양식을 만들 것입니다. 저 역시도 코로나19로 그동안 생각하지 못한 것들을 배운 한 해였습니다. 코로나19가 제 앞길을 가로막았다고 생각하기보다는 좀 더 나은 내가 될 수 있도록 도움을 줬다고 생각합니다.

우리는 매일 매일 성장합니다. 그리고 매일 매일 성장하는 존재가 되어야 합니다. 그림 그리기도 마찬가지입니다. 이 책이 여러분 그림 실력에 큰 도움을 줬는지는 모르겠지만 그림을 통해 성장한 저의 모습을 엿본 기회는 드렸다고 생각합니다. 저는 그림을 정식으로 배우고 정식으로 가르친 작가는 아닙니다. 하지만 그림을 통해서 성장의 의미를 이해했고, 이를 바탕으로 나눔을 실천하고 있습니다. 이 책에 정리된 저의 경험이 여러분에게 작은 도움이라도 된다면 참 좋겠습니다.

⑳

자주 받는 질문들

　　몇 권의 그림 관련 책을 출간한 후에 학교, 기업, 정부 기관 등 다양한 장소에서 강의를 진행하며 여러 가지 질문을 받았습니다. 강의를 마칠때마다 시간 관계상 답변을 다 드릴 수 없었는데, 그동안 많이 받았던 질문을 따로 정리해 보았습니다. 일종의 부록처럼 읽어주시면 감사하겠습니다.

Q. 일상을 특별하게 만드는 비법은 뭐가 있을까요?

　　평범한 일상을 특별하게 만드는 방법은 특별하게 바라보는 눈을 가지는 것입니다. 특별한 눈을 가지면 모든 것이 특별하게 보입니다. 굳이 멀리 떠나지 않아도 일상이 여행처럼 느껴집니다. 특별한 눈이 없으면 해외여행을 떠나도 며칠간은 즐겁게 지내겠지만, 다시 일상으로 돌아오게 되면 허무함 만이 남습니다. 제 경우 그림을 그리면서 특별한 눈을 가지게 되었습니다.

존경하는 박웅현 선생님이 이런 말씀을 하셨습니다. "파리가 아름다운 것은 3일밖에 머물 수 없기 때문이다." 제 경우 매일 매일을 소중하게 생각하고, 새로운 경험을 하고, 그것을 기록으로 남기고, 또 생각을 하고, 다시 창작하고, 이렇게 이어지는 활동이 일상을 특별하고 소중하게 만들어 주었다고 생각합니다.

Q. 직장 생활 권태기를 극복하는 노하우가 있을까요?

직장 생활을 따분하다고 생각하는 것은 성장하지 못한다고 느끼기 때문입니다. 인간은 성장하지 못하면 괴로움을 느끼는 존재입니다. 성장 없이 반복되는 직장 생활은 정말 따분한 것이죠. 어떤 환경에 있건 스스로 성장할 방법을 고민하고 실행으로 옮겨야 합니다. 다른 사람을 원망하거나 환경을 탓하는 것은 전혀 도움이 되지 못합니다. 오늘부터 당장 무엇을 할지 고민하고 실행하는 것이 최고의 방법입니다. 만약 직장 생활에서 성장하는 재미를 못 찾는다면 다른 방법으로 성장하는 재미를 찾아야 합니다. 여러분이 원하는 것을 하려면 하기 싫은 것을 아주 잘해야 합니다. 하기 싫은 것은 재빨리 해치우고 재미있는 것을 할 여유 시간을 만들어야 합니다.

Q. 1만 시간의 기적과 매일 그리기의 차이점은 무엇인가요?

1만 시간의 기적은 그 분야의 최고의 고수가 되는 데 필요한 시간입니다. 저는 겨우 3,000시간 정도를 연습했는데 이 시간은 그저 쓸만한 재능을 발견하는 시간이었습니다. 여기서 쓸만한 재능이란, 자신이 만든 창작물에 누군가 돈을 지불할 수 있는 것을 의미합니다. 모든 인간은 약간의 재능을 가지고 태어납니다. 그러나 쓸만한 재능으로 만들기 위해서는 많은 연습이 필요합니다. 연습할지 말지는 오직 자신의 선택이며 이것을 계속하기 위해서는 열정이라는 연료가 필요합니다. 좋은 가구를 만들기 위해서는 좋은 목재가 필요하지만 좋은 목재가 있다고 좋은 가구가 저절로 되는 것은 아닙니다.

Q. 저도 작가님처럼 일상을 그림으로 남기고 싶어졌습니다. 초보자에게 좋은 색연필이랑 수채화 도구를 추천해주세요!

일상을 그림으로 남기고 싶어 하는 비전공자들에게 가장 좋은 책은 제가 쓴 『철들고 그림 그리다』와 『행복화실』입니다. 또한 유튜브에서 '행복화실'을 검색하면 20시간 분량의 동영상이 검색됩니다. 그걸 보셔도 좋습니다. 초보자라고 싸구려 도구를 고집할 이유는 없습니다. 파버카스텔 폴리크로모스 유성 색연필 36색, 프리즈마 프리미어 유성 색연필 36색 정도는 투자해주면 좋습니다. 그리고 수채화 도구로는 국내 회사인 미젤로의 미션 골드 클래스를 강력히 추천해 드립니다. 도구가 좋으면 내 실력이 한층 업그레이드됨을 느낄 수 있습니다. 그리고 디지털 드로잉으로 시작하고 싶다면 『똥손 탈출 100일 100드로잉』을 추천합니다.

Q. 그림을 그린 지 얼마나 되신 건가요? 얼만큼의 시간을 투자해야 변화하고 발전할 수 있다고 생각하시나요?

그림을 그린 시간은 9년 동안 3,000시간 정도 되는 것 같습니다. 그리고 변화란 것은 개인에 따라 다릅니다. 제 경우 100시간 지나면서 겨우 손이 제 마음대로 움직인다는 것을 알았고, 1,000시간이 지나면서 눈에 보이는 것을 다 그릴 수 있게 되었습니다. 그리고 1,500시간이 지나니 보이지 않는 것을 그릴 수 있게 되었습니다. 3,000 시간이 지나면서는 원하는 것을 빠르고 정확하게 그릴 수 있게 되었습니다.

Q. 그림 그리기를 시작한 지 한 달이 되었는데 계속해서 꾸준히 이어나가기가 힘드네요. 어떻게 하면 매일 꾸준히 할 수 있죠? 3,000시간을 해나가는 원동력이 궁금합니다.

가장 중요한 것은 절실함입니다. 저는 '매일매일 그리면 1년 후에는 어떤 일이 벌어질까?'라는 생각으로 그림을 그렸습니다. 그리고 예술과 관련된 책을 많이 읽었습니다. 『예술의 정신』 『예술가여, 무엇이 두려운가?』 『예술가로 살아남기』 『예술가가 되려면』 등과 같은 책을 읽었습니다. 그리고 매일 매일 그림 그리는 사람들의 작품을 보았습니다. 그리고 싶은 것도 사진으로 계속 모았습니다. 중요한 것은 남의 사진이 아니라 자신이 스스로 찍어 둬야 한다는 것입니다. 남이 찍은 것은 애정이 생기지 않지만 내가 직접 만나고 경험한 것을 사진으로 남겨두면 지금 당장은 아니지만 언젠가는 그리고 싶은 마음이 생깁니다.

Q. 그림을 그리게 된 계기가 공항에서 만난 어느 외국 분 때문이었다고 하셨는데, 그런 욕구가 그분을 보고 갑자기 생긴 것인지 아니면 어렸을 적부터 어느 정도 그림에 대한 로망이 있었는지 궁금합니다!

어릴 적부터 그림을 잘 그리고 싶은 마음이 있었습니다. 그렇다고 어린 시절부터 잘 그린 것은 아니었고요. 미술 선생님은 그림을 가르쳐주지 않았고 늘 숙제로 해 오라고 하셨습니다. (^^;) 직장 생활을 하면서 스스로 배우는 능력을 갖추게 되었는데, 그 덕분에 그림 그리기도 스스로 체득할 수 있게 되었고 로망도 실현할 수 있게 되었습니다.

Q. 회사, 가정에서 그림에 집중하기 위한 시간 관리 방법과 노하우를 알고 싶습니다.

'집중 + 몰입 + 균형 + 가족의 배려'입니다. 원하는 것을 매일 하려면, 하루에 한 시간 이상 그것을 할 수 있는 시간을 내는 것이 중요합니다. 매일 밤 그림을 그리기 위해서는 반드시 자신이 가진 에너지 5%는 비축해 놓아야 합니다. 회사에서 모든 에너지를 다 써버리면 안 됩니다. 또한 가족의 배려도 중요합니다. 가족을 위해 사용할 시간 일부를 그림 그리는 시간으로 사용하는 것이기 때문이죠. 저는 부족한 시간을 만들기 위해 매일 한 시간씩 일찍 일어나고 있습니다. 그리고 시간을 낭비하지 않기 위해 TV도 안

보고 스마트폰도 잘 보지 않습니다.

Q. SNS 공유 및 나눔을 잘하시는 데 예전부터 그러셨나요? 아니면 그림을 그리면서 변화된 건가요? 그리고 공유를 하면 어떤 점이 좋은가요?

제가 원래 개발자 출신입니다. 1998년부터 PHP 개발자 커뮤니티를 만들어서 8년간 운영을 했습니다. 사람들이 서로 알고 있는 것을 공유하고 이것이 모이면 큰 힘이 된다는 것을 경험적으로 알고 있습니다. 커뮤니티에 올라온 글을 모아 책도 썼습니다. 더 많이 공유할수록 더 좋은 일이 생긴다는 것도 잘 알고 있습니다. 그런데도 공유하지 못하는 것은 공유를 위해서도 시간과 정성, 에너지가 필요하기 때문입니다. 공유도 연습이 필요합니다. 공유로 좋은 걸 나눔 받았다고 해봅시다. 그러면 어떤 과정을 통해 이것이 만들어졌는지 궁금해해야 합니다. 하루

아침에 좋은 정보나 지식이 만들어지지는 않습니다. 사람들은 항상 결과만을 보는데 그 결과가 만들어지기까지의 과정을 살피는 것이 중요합니다. 과정을 알면 따라 할 수 있겠죠. 그렇게 진짜를 따라 하다 보면 어느 순간 진짜가 되어 있는 자기 자신을 발견하게 됩니다.

결국엔, 그림

그림으로 나 다움을 찾고 성장하는 법

초판 1쇄 발행 2021년 8월 2일

지은이 정진호
펴낸이 김옥정

만든이 이승현
디자인 디스커버

펴낸곳 좋은습관연구소
주소 경기도 고양시 후곡로 60, 303-1005
출판신고 2019년 8월 21일 제 2019-000141
이메일 buildhabits@naver.com
홈페이지 buildhabits.kr

ISBN 979-11-91636-06-2(13300)

**좋은습관연구소에서는 누구의 글이든 한 권의 책으로 정리할 수 있게 도움을 드리고 있습니다.
메일로 문의해주세요.**

네이버/페이스북/유튜브 검색창에 '좋은습관연구소'를 검색하세요.